DU POUVOIR EXÉCUTIF.

EXTRAIT DE LA *REVUE DE LÉGISLATION ET DE JURISPRUDENCE*.

Mai, juin et juillet 1848.

DU

POUVOIR EXÉCUTIF.

PAR M. G. DUFOUR,

AVOCAT AU CONSEIL D'ÉTAT,

Auteur du *Traité général de droit administratif appliqué.*

IMPRIMERIE

DE HENNUYER ET Ce, RUE LEMERCIER, 24,

BATIGNOLLES.

1848

DU POUVOIR EXECUTIF.

Toute constitution a cet effet d'ériger la société en être moral, d'en faire, vis-à-vis de chacun de ses membres, une personne qui a ses intérêts, ses droits et aussi ses devoirs distincts. Il ne saurait donc suffire, pour se rendre compte de la vie sociale, de considérer l'individu, le citoyen; il faut considérer aussi la communauté, l'Etat.

En dehors des principes fondamentaux qui font la base de l'organisation même de la société et qui ont leur consécration irrévocable dans la constitution, l'Etat et les citoyens sont abandonnés à l'empire de la loi.

Le pouvoir législatif rassemble dans les mains de l'Etat les intérêts communs, l'investit des droits dont il a besoin pour leur donner satisfaction et en régler l'exercice. Il détermine les rapports de l'Etat avec les citoyens et les rapports des citoyens entre eux; il impose à la liberté individuelle les restrictions commandées par les exigences de l'ordre public; il pourvoit à l'acquisition, à la possession et à la transmission des biens; il régit les personnes et les choses.

M. Hello, dans un ouvrage de droit public que j'aurai plus d'une fois l'occasion de citer, offre l'énumération des droits sur lesquels il est réservé au pouvoir législatif de statuer; il les classe dans trois grandes divisions :

« 1° Droits concernant les personnes; 2° droits concernant les biens; 3° droits mixtes concernant à la fois les biens et les personnes.

« Aux droits personnels se rapportent l'égalité devant la « loi, qui comprend la répartition proportionnelle de l'impôt « et l'admissibilité aux emplois;

« L'état civil, qui comprend la capacité des personnes « pour les actes régis par le droit privé ;

« L'état politique, qui comprend la capacité des per- « sonnes pour l'exercice du droit de citoyen ;

« La liberté individuelle, qui comprend l'usage de toutes « nos facultés, et entre autres: la liberté de l'industrie,

« La liberté de conscience,

« La liberté de la presse,

« Le service militaire.

« Aux droits réels se rapportent :

« L'inviolabilité des propriétés, qui comprend le vote et « la perception de l'impôt, parce que l'impôt est une véri- « table expropriation;

« La dette publique, qui suppose un contrat entre l'Etat « et les citoyens ; . . . .

. . . .

« Et, en général, tous les règlements sur la nature des « biens, sur leurs modifications et la manière de les acqué- « rir ou de les perdre.

« Sont mixtes, comme se rapportant à la fois aux biens « et aux personnes :

« Le droit de juridiction,

« La loi pénale....,

« L'organisation judiciaire [1]. »

Dans ce tableau, on a laissé dans l'ombre les dispositions dont l'Etat, en tant que personne, doit lui-même faire l'ob-

[1] Voyez *Traité du régime constitutionnel*, t. II, p. 44, édition de 1848, chez Auguste Durand, Paris.

jet ; mais il a l'avantage de mettre en relief les droits à garantir au profit de l'individu, de l'homme, dont la protection, dont le bonheur est et doit rester le but de la société.

Le législateur est armé d'un pouvoir sans contrôle, il domine la société tout entière ; la mission, le premier devoir de chaque autorité, est de recevoir et de faire exécuter ses ordres, et *son redoutable privilége est de se faire obéir, même dans ses excès*[1].

La constitution le laissera-t-elle sans frein ?

Investi de la toute-puissance sociale, « le législateur se « choisit lui-même son but ; il le choisit selon sa passion « ou sa philosophie, et il le poursuit à travers et malgré « tous les obstacles ; il dispose des hommes comme d'un « moyen ; il les prend, les dompte, les façonne, les dresse : « ce sont des roseaux flexibles qu'il rassemble et lie en fais- « ceau. L'unité sociale absorbe les unités individuelles ; per- « sonne n'a rien en propre, ou plutôt il n'y a dans l'État « qu'une personne, l'Etat même ; l'intérêt du prince ou de « la patrie est la seule mesure du juste et de l'injuste. Le « législateur s'empare de l'éducation ; il crée une morale, « il détruit la vie privée ; chaque individu est classé sans « aucun souci de sa vocation ; le vol n'est pas toujours un « crime ; l'enfant infirme ou malsain n'a pas le droit de vi- « vre ; la plus grande partie de la population peut être des- « tituée de l'humanité ; il peut y avoir, il y a esclavage[2]. »

Livré à ses entraînements, il descend dans les questions de personnes et de faits, il substitue les décisions aux règles,

[1] Voyez M. Vivien, *Études administratives*, p. 1, et M. Hello, *Du régime constitutionnel*, t. II, p. 37.

[2] Voyez M. Hello, t. I, p. 2.

il écarte ou brise toutes les garanties pour aller droit au citoyen ou à sa chose; il méconnaît le principe de la liberté individuelle et le principe non moins sacré de l'inviolabilité de la propriété; c'est la tyrannie.

Dans toute constitution libéralement conçue, l'exercice du pouvoir législatif est organisé en vue de parer à de si graves dangers. Le choix de ses dépositaires, leur nombre et jusqu'à leur mode de procéder tendent à ne faire de la loi qu'une œuvre de raison, de sagesse et de modération.

Le pouvoir constituant, d'ailleurs, prend soin de définir le domaine du pouvoir législatif; il consacre des règles immuables; il proclame certains droits comme à jamais inviolables; il les place au-dessus de l'atteinte des pouvoirs qu'il institue; et il en fait la base de l'édifice social.

Mais la plus précieuse garantie est celle qui naît de la séparation des pouvoirs législatif et exécutif.

Il faut que le pouvoir qui commande en maître suprême n'ait pour mission que de tracer les règles, et qu'il laisse le soin de les appliquer et de les faire exécuter à un pouvoir distinct et indépendant. Il faut que le pouvoir régulateur de la société ne réside et n'agisse que dans une région supérieure, qu'il se tienne au-dessus de toute considération de personnes et de faits particuliers; il faut que ses prescriptions, émises à un point de vue éminemment général, et par cela même impartial, tombent aux mains d'une autorité instituée pour les garder et les faire respecter comme une parole sacrée[1].

[1] « Le législateur, disait M. Portalis dans le discours préliminaire du Code « civil, organe de cette justice, de cette équité générale qui, sans égard à « aucune circonstance particulière, embrasse l'universalité des personnes ou « des choses, risquerait de perdre quelque chose de son impartialité, s'il « descendait de ces hauteurs pour rendre une loi privée en vue d'un litige « existant. »

Le pouvoir exécutif, interposé entre le pouvoir législatif et les citoyens, soustrait les individualités à ses regards et à son atteinte, met obstacle aux passions qui pourraient l'animer et devient ainsi le protecteur et le gardien des droits privés.

On ne saurait craindre que ce principe soit contesté; mais il ne suffit pas de démontrer la nécessité d'une limite, il faut la tracer.

Ce qui frappe tout d'abord dans le domaine du pouvoir exécutif, c'est la mission de pourvoir à l'exécution des lois. Mais son action n'est pas, à beaucoup près, circonscrite dans une sphère si étroite, qu'elle ne tende qu'à procurer l'application des dispositions prises par le pouvoir régulateur, et soit toujours subordonnée à une loi préalable. « Le gouver« nement a de ces affaires dont l'expédition demande unité, « promptitude, à-propos, secret, et dans lesquelles l'expé« rience a démontré qu'il était impossible de débuter par « une loi, telles que le commandement des armées, les dé« clarations de guerre, les traités de paix, d'alliance et de « commerce [1]. » La gestion des intérêts généraux, la conservation et le développement des avantages attachés à l'ordre social, la satisfaction des besoins publics veulent un représentant et un organe qui se puisse mouvoir d'un mouvement spontané; et ce représentant, cet organe ne saurait se rencontrer que dans le dépositaire du pouvoir exécutif.

Le pouvoir exécutif, sans doute, reste toujours dominé par la loi; et le mérite d'une bonne constitution est de faire qu'il ait, pour toutes les mesures qu'il lui appartient de prendre, l'appui de la volonté nationale, et n'en soit en quelque sorte que l'interprète et comme l'instrument. Mais

[1] Voyez M. Hello, *Du régime constitutionnel*, t. II, p. 91.

les conditions de son exercice n'en doivent pas moins être appropriées à la diversité de ses fonctions, et sous ce rapport il importe de ne pas confondre les éléments qui le constituent.

La Charte proclamait le roi chef suprême de l'État, et lui attribuait expressément le droit de commander les forces de terre et de mer, de déclarer la guerre, de faire les traités de paix, d'alliance et de commerce, et de nommer à tous les emplois d'administration publique. (Voyez article 13 de la Charte.)

En dehors de la forme monarchique, l'État a bien sa personnification dans un chef unique ou collectif; mais ce chef n'apparaît point environné de cet appareil du rang suprême et n'a point ce caractère de souveraineté qui éclatent dans la royauté.

Si les intérêts de la défense du pays exigent qu'on lui laisse le soin d'organiser les armées dans la mesure des contingents fixés par le pouvoir législatif, les intérêts de la liberté ne permettent pas de lui accorder le droit de se mettre à leur tête.

Le droit de *déclarer* la guerre est dominé par la nécessité d'obtenir de la volonté nationale, exprimée par les représentants du pays, les moyens de la faire.

Dans ses rapports avec les puissances étrangères pour les traités de paix, d'alliance ou de commerce, la liberté de son action ne doit point être entravée. On ne saurait toutefois en faire l'arbitre et le maître absolu des intérêts suprêmes; et il faut chercher dans l'organisation du pouvoir exécutif lui-même une garantie contre les actes du gouvernement de nature à compromettre les destinées de l'État.

La nécessité d'assurer au pouvoir exécutif la force indispensable pour remplir dignement et utilement sa tâche, est plus difficile à concilier, en ce qui a trait à la distribution des emplois, d'une part, avec la nécessité de refuser au gouvernement les moyens de s'assurer un appui en dehors des prévisions de la constitution, et en vue de desseins contraires au bien public, et d'autre part avec la nécessité non moins impérieuse de ménager aux citoyens et aux droits privés des garanties contre les abus de la puissence exécutive elle-même. L'examen de ce problème nous arrêtera lorsque nous traiterons de l'organisation du pouvoir exécutif; mais nous pouvons et nous devons déjà dire, premièrement, que ce n'est point dans une intervention des dépositaires du pouvoir législatif qu'il en faudra, à notre avis, chercher la solution, et secondement, que le gouvernement ne saurait être responsable que des actes des agents dont il aura le choix.

Après avoir rencontré, dans le domaine du pouvoir exécutif, le droit de commander les forces de terre et de mer, le droit de déclarer la guerre, le droit de faire avec les nations étrangères des traités de paix, d'alliance et de commerce, et enfin le droit de nommer aux emplois, on arrive aux droits dont le but est de procurer l'exécution des lois, et qui font l'attribution principale et toujours exclusive du pouvoir exécutif.

Nous n'avons point à nous préoccuper de l'exécution des lois par voie d'application pure et simple des dispositions émanées du pouvoir régulateur; c'est affaire de l'administration et de la justice; et en ce point, le principe de la séparation des pouvoirs exécutif et législatif, et de la subordination du premier au second est absolu : l'administrateur ou le juge n'est que l'organe de la loi.

Mais « le soin d'exécuter la loi, écrivait M. Vivien sous « l'empire de la Charte, ne se borne point à l'emploi des « forces vives nécessaires pour convertir le droit en fait; « il ne consiste pas seulement à suivre le texte littéral « d'une prescription, à s'y conformer matériellement. L'ad- « ministration française est chargée en outre, par un man- « dat qui l'associe à l'œuvre même du législateur, de « prendre elle-même et d'imposer aux citoyens toutes les « mesures propres à développer, à compléter, à vivifier « cette œuvre, et à en assurer la pleine exécution. Elle ac- « complit cette tâche à l'aide de règlements obligatoires « comme la loi elle-même. La constitution l'y autorise en « termes généraux, et parfois le législateur lui accorde dans « ce but une délégation extraordinaire. Il est d'une grande « utilité que ces règlements puissent être faits. Le cours des « affaires serait exposé à de fréquentes interruptions, et la « loi souvent entravée dans sa marche, si elle seule pou- « vait déterminer les conséquences des principes qu'elle « pose. Parfois, l'administration est plus apte que la loi « elle-même à décréter ces dispositions secondaires. Éclai- « rée par l'expérience, livrée aux soins pratiques des affai- « res, elle en connaît les difficultés et les exigences; au- « cun détail ne lui est étranger ; elle sait prévoir toutes les « hypothèses, déjouer toutes les ruses, concilier toutes les « prétentions légitimes [1]. »

Ce droit, que l'art. 13 de la Charte consacrait, doit-il être maintenu au dépositaire du pouvoir exécutif, quelle que soit la forme du gouvernement?

Pour nous, point de doute.

L'étendue d'un État tel que la France ne permet pas de

[1] Voyez *Études administratives*, p. 4.

pourvoir à tous les besoins de la société par des règles générales. Les différences de mœurs, de sol et de climat entre les diverses provinces d'un même État, et, bien souvent, entre les diverses parties d'une même province, nécessitent pour les unes des mesures qui ne sauraient convenir aux autres : de là l'origine d'un pouvoir qui semble propre à la constitution des grands États. On est entraîné par la force des choses à borner l'office du législateur à l'établissement des principes et des dispositions destinés à recevoir une application générale [1]; à conférer à l'autorité préposée à l'exercice du pouvoir exécutif, dont les délégués sont répandus sur la surface du pays, et qui est seule en position de découvrir et d'apprécier les exigences de circonstances variables, la mission de procurer l'exécution de la loi par des prescriptions de détail appropriées aux particularités de lieu ou de temps; et à l'investir, à cet effet, d'un pouvoir tout spécial, qui est, dans ses mains, le *pouvoir réglementaire*.

« Quand même, disait M. Dumon, dans son rapport sur le « projet de loi relatif à l'organisation du Conseil d'État, à la « séance de la Chambre des députés du 6 juillet 1843, le « pouvoir législatif et le pouvoir exécutif seraient réunis « dans les mêmes mains, il ne serait pas sans inconvénient « de comprendre dans le même texte les principes et leurs « applications ; les lois qui doivent demeurer stables, et « l'exécution que l'expérience corrige et perfectionne sans « cesse. Lorsque le pouvoir législatif et le pouvoir exécutif « sont séparés, la distinction que nous venons d'établir est

[1] « En France, la loi doit être uniforme et permanente; son office est de « fixer par de grandes vues les maximes générales du droit, d'établir des « principes féconds en conséquences. » (Voyez le discours préliminaire sur le Code civil.)

« encore plus nécessaire. Le pouvoir législatif a seul autorité pour décréter les dispositions fondamentales qui constituent une loi ; mais les dispositions secondaires destinées à mettre la loi en action, exigent un examen trop minutieux, des dispositions trop spéciales, des modifications trop fréquentes pour que le pouvoir législatif puisse les prendre lui-même. Il délègue ce droit au pouvoir exécutif. »

Dans la sphère qui lui est assignée par la constitution, l'exercice du pouvoir réglementaire ne doit tendre qu'à procurer l'exécution de la loi ; il faut que ses prescriptions empruntent une base aux prescriptions du législateur ; il ne pose pas les principes, son office n'est que de les organiser, de les développer et d'en compléter les déductions ; le gouvernement n'est pas réellement saisi d'une part du pouvoir régulateur de la société, il ne commande en son nom que comme son interprète, et il est vrai de dire, en ce sens, que dans ses règlements il fait simplement acte de *magistrature*. Sa parole, toutefois, a la force et les effets de la parole du législateur, et il faut aux citoyens une garantie contre l'abus qu'il en pourrait faire.

Nous verrons cette garantie surgir de la répartition du pouvoir exécutif entre ses divers organes, et emprunter sa base à l'indépendance de l'ordre judiciaire. Mais je dois la négliger ici, pour n'appeler l'attention que sur le maintien des limites entre le domaine du pouvoir législatif et le domaine du pouvoir exécutif.

Il est de l'essence de tous les pouvoirs de tendre à la domination ; c'est vainement que la théorie s'efforce de les diviser et de les circonscrire dans des attributions rigoureusement définies. « Les limites les plus évidentes ont été « parfois méconnues ; tour à tour, on a vu la loi envahir

« l'administration et l'administration envahir la loi : la « Convention et l'Empire ont donné l'exemple de ces usur- « pations[1]. »

Dans le gouvernement démocratique, ce n'est pas du côté du pouvoir exécutif que vient le danger ; il entreprendrait vainement de surprendre le pouvoir parlementaire, pouvoir inquiet, ardent et jaloux.

La dépendance du pouvoir exécutif est inhérente à la forme républicaine ; et tout l'effort de la constitution doit tendre à conserver et maintenir dans ses mains la portion de pouvoir dont elle l'a fait dépositaire.

La législature peut rencontrer un frein dans son organisation même. Si elle était divisée en deux corps ; si elle se composait, par exemple, d'un sénat et d'une chambre des représentants, l'un serait nécessairement le contre-poids de l'autre. Le sénat serait destiné à devenir le modérateur des volontés du peuple.

Mais en fût-il ainsi, le problème ne me semblerait point encore résolu.

Les deux Chambres peuvent être amenées à se liguer, et, plus souvent encore, le sénat peut se trouver trop faible pour résister.

C'est le pouvoir exécutif lui-même qu'il faut armer pour sa propre défense.

« Les Américains n'ont pu détruire la pente qui entraîne « les assemblées législatives à s'emparer du gouvernement, « mais ils ont rendu cette pente moins irrésistible.

« Le traitement du président est fixé, à son entrée en « fonctions, pour tout le temps que doit durer sa magis- « trature. De plus, le président est armé d'un *veto* suspen-

[1] Voy. M. Vivien, *Études administratives*, p. 5.

« sif, qui lui permet d'arrêter à leur passage les lois qui « pourraient détruire la portion d'indépendance que la « constitution lui a laissée. Il ne saurait pourtant y avoir « qu'une lutte inégale entre le président et la législature, « puisque celle-ci, en persévérant dans ses desseins, est « toujours maîtresse de vaincre la résistance qu'on lui op- « pose; mais le *veto* suspensif la force du moins à retour- « ner sur ses pas; il l'oblige à considérer de nouveau la « question, et, cette fois, elle ne peut plus la trancher qu'à « la majorité des deux tiers des opinants. Le *veto*, d'ailleurs, « est une sorte d'appel au peuple. Le pouvoir exécutif, « qu'on eût pu, sans cette garantie, opprimer en secret, « plaide alors sa cause, et fait entendre ses raisons.

« Mais si la législature persévère dans ses desseins, ne « peut-elle pas toujours vaincre la résistance qu'on lui op- « pose? A cela je répondrai qu'il y a dans la constitution, « quelle que soit du reste sa nature, un point où le législa- « teur est obligé de s'en rapporter au bon sens et à la vertu « des citoyens. Ce point est plus rapproché et plus visible « dans les républiques, plus éloigné et caché avec plus de « soin dans les monarchies; mais il se trouve toujours quel- « que part. Il n'y a pas de pays où la loi puisse tout pré- « voir, et où les institutions doivent tenir lieu de la raison « et des mœurs[1]. »

Après avoir circonscrit le domaine du pouvoir exécutif, on a à rechercher quelle doit être son organisation. Considérons-le successivement dans la sphère du gouvernement, dans la sphère de l'administration et dans celle de la justice.

[1] Voyez *De la démocratie n Amérique*, par M. Alexis de Tocqueville, t. I, p. 195, neuvième édition.

§ I. — Du gouvernement.

Dans une république, le chef de l'Etat est nécessairement électif; et si l'on veut que son pouvoir puise de la force dans son principe, il importe que sa nomination émane directement des citoyens, et qu'il soit ainsi l'élu du pays.

Mais quel que soit le système appliqué au choix du chef du gouvernement, pour que son action se produise avec promptitude et énergie, pour qu'elle imprime aux affaires ce mouvement qui fait la grandeur et la prospérité d'un Etat, et pour que la société trouve dans la responsabilité de celui qu'elle appelle à présider à ses destinées une solide garantie du bon emploi qu'il fera de son pouvoir, la condition est que la puissance exécutive n'ait qu'un seul et unique représentant.

Dans les pouvoirs répartis entre plusieurs, si le partage est inégal, le plus puissant est entraîné à absorber l'autorité de ceux qui le sont moins, leur présence n'a d'autre effet que de faciliter et protéger l'usurpation, en la dissimulant[1]; et si la prédominance n'est à personne, le défaut d'unité de vues et de volontés paralyse tous les efforts et voue le gouvernement à la faiblesse et à l'inertie.

Dans les pouvoirs collectifs, on délibère quand il faut agir. « Le temps se perd en discussions; la diversité des opi-
« nions amène des transactions et des résolutions molles.
« La responsabilité se partageant entre plusieurs, ne s'arrê-
« tant sur aucun, s'efface et disparaît.

« L'action se concilie si peu avec la délibération, inhé-

[1] C'était la position du premier Consul, et ce fut le parti qu'il en tira. Voy. M. Thiers, *Histoire du Consulat et de l'Empire*, t. I, p. 103.

« rente à toute autorité collective, que, par la force des cho-
« ses, ces autorités dominées par le besoin impérieux de « l'unité, en viennent presque toujours à répartir le travail « entre leurs membres, laissant à chacun le soin de décider « seul les affaires qui lui sont échues. Le Comité de salut « public lui-même, malgré l'énergique et inflexible volonté « des hommes qui le composaient, accomplissait ainsi sa ter- « rible mission. Ce compromis inévitable a pour conséquence « de détruire la garantie de la délibération, sans la remplacer « par celle de la responsabilité qui ne peut s'attacher à des « actes faits par un seul dans la réalité, mais placés exté- « rieurement sous le nom de plusieurs[1]. »

Ce sont là des principes qui ont reçu, chez nous, la sanction de l'histoire.

Est-ce à dire que le représentant du pouvoir exécutif restera comme abandonné à lui-même au sein de son immense domaine?

La constitution lui donnera sans doute des ministres pour auxiliaires et pour auxiliaires nécessaires. Mais choisis et nommés par lui, les ministres ne seront que ses délégués et on ne saurait voir en eux que des agents[2].

Cependant, la raison qui a fait placer des conseils presque partout auprès des représentants actifs de l'administration, commande d'autant plus impérieusement de ménager au chef du gouvernement l'assistance d'un corps délibérant, que l'exercice de son pouvoir veut plus de prudence et de maturité. Il faut qu'il puisse toujours réclamer, et qu'il soit quel-

[1] J'emprunte ce passage aux *Études administratives*, dans lesquelles M. Vivien a si heureusement fait ressortir l'esprit de nos institutions administratives. Voy. p. 31.

[2] Je n'arrête point l'attention sur la condition des ministres; j'en dirai, en terminant, la raison.

quefois obligé de prendre l'avis d'une assemblée instituée pour examiner et discuter les mesures de nature à faire le sujet d'une étude approfondie.

D'un autre côté, il n'est pas dans l'esprit des institutions démocratiques, que la puissance attribuée au premier citoyen de l'Etat lui permette de s'élever par trop au-dessus de tous les autres. Le pouvoir exécutif, sans doute, doit être armé d'une grande force pour gouverner d'un centre unique un pays aussi étendu et aussi peuplé que la France ; et pour être fort, il doit d'abord être indépendant ; il ne pourrait remplir dignement et utilement sa tâche, s'il ne lui était donné de lutter et de se défendre contre l'assemblée maîtresse de faire les lois. Mais dans la sphère qui lui est assignée, il importe de le diviser et de le soumettre à une étroite surveillance. La liberté serait sans cesse en danger, s'il se manifestait dans les conditions d'un pouvoir absolu.

On a, dans cette double nécessité, un problème dont la solution ne peut sortir que de l'institution d'un Conseil de gouvernement.

Il semble rationnel, au premier aspect, de chercher le principe de la composition de ce Conseil dans l'élection directe. Mais ce serait donner pour appui et pour organe au pouvoir exécutif, une assemblée égale en puissance au Corps législatif, et elle pourrait devenir également hostile et menaçante pour le législateur et pour le chef du pouvoir exécutif.

Pour répondre à sa destination, qui est de servir d'accompagnement et de soutien au chef de l'Etat, de l'environner d'une majesté assez imposante pour commander le respect et entraîner l'obéissance, et, en même temps, de modérer sa puissance comme par une sage médiation, le Conseil de gouvernement ne doit être que l'expression du pouvoir exécutif lui-même, mais il en doit être l'expression la plus haute.

Le pouvoir exécutif envisagé dans son exercice se partage en deux branches : administration d'un côté, justice de l'autre, et pour chacune de ces branches, l'autorité supérieure appartient à un corps ; le Conseil d'Etat a le rang suprême dans l'ordre administratif, et la Cour de cassation domine au sommet de l'ordre judiciaire. C'est à chacun de ces corps qu'il faut d'abord s'adresser.

Le conseil de gouvernement sera formé de douze membres du Conseil d'Etat, élus par le Conseil d'Etat lui-même, et de douze membres de la Cour de cassation, élus par cette Cour[1].

Vient ensuite le chef de l'Etat : il faut bien que sa pensée et que l'esprit de la politique du moment soient toujours présents dans le Conseil appelé à l'assister dans le gouvernement. Il y sera donné place à douze membres élus par la législature, sur la présentation, par le chef du pouvoir exécutif, d'un nombre triple de candidats.

Le personnel du Conseil se renouvellera annuellement, pour un tiers, dans chacun de ses éléments; mais il sera toujours présidé par le second personnage de l'Etat[2].

On n'a point à craindre qu'une Assemblée ainsi composée devienne jamais un instrument de tyrannie. La part faite à l'autorité judiciaire, et l'influence ménagée à la législature dans le choix de ses membres, seront toujours une garantie de son indépendance. L'Empereur ne s'était fait le maître de son Conseil d'Etat, que parce que les membres de ce Conseil ne relevaient que de lui; et il n'était parvenu à faire passer dans les mains de ce corps adminis-

[1] A cet effet, le nombre des conseillers d'Etat et des conseillers à la Cour de cassation devra excéder de douze le nombre réclamé par les besoins du service.

[2] Sa dénomination sera celle de *vice-président*, car j'espère qu'on saura se dégager des souvenirs *classiques* et rejeter le titre de *consul*

tratif les fonctions judiciaires et les attributions législatives elle-mêmes, que parce que la constitution désarmait et l'ordre judiciaire et le législateur.

La force que le gouvernement devra au Conseil dont nous réclamons l'institution ne tendra qu'à faire du pouvoir exécutif, envisagé dans son organisation, un ensemble compacte, et à lui donner l'âme et la vie pour marcher d'un pas ferme et sûr vers le but de sa mission, et seconder les efforts du législateur dans la voie du progrès et des améliorations.

Les conseillers d'État et les magistrats feront pénétrer dans la région suprême du gouvernement les idées dues à l'étude des faits et à la pratique des lois; et, en rentrant dans leurs corps respectifs, ils y rapporteront cette intelligence des besoins sociaux et des nécessités gouvernementales qui peut seule maintenir l'exécution des mesures et l'application des règles à la hauteur de la pensée qui les a dictées.

L'institution aura cet avantage au regard de la magistrature en particulier, de la rattacher au gouvernement, et de conjurer ainsi les dangers dont son indépendance absolue pourrait devenir la source, si elle était élective.

Elle ménagera la transition entre un gouvernement et un autre; elle reliera les projets et les idées du chef qui s'en ira aux projets et aux idées du chef qui arrivera; elle fera que la chaîne des traditions ne se brisera pas, au grand préjudice des affaires publiques.

Au point de vue même des réformes dont le besoin se fait si souvent sentir dans la sphère administrative, elle remédiera aux inconvénients de la répartition de l'administration entre divers ministres, et offrira le secours du principe de la centralisation. Les règlements émanés du chef de l'État en Conseil de gouvernement domineront tous les services, et présideront aux rapports entre les divers ministères[1].

Enfin, placé près du chef de l'État, le Conseil de gouvernement lui prêtera tout l'ascendant d'un corps nombreux et puissant; consulté sur les grandes questions de gouvernement, il les éclairera par ses discussions; les mesures prises avec son concours se produiront avec plus de solennité, et on aura dans son intervention un frein et un contrôle à l'effet, moins d'affaiblir les pouvoirs du chef de l'Etat, que de faire qu'il n'en use que pour le bien public.

La détermination des droits de nature à constituer la prérogative du chef de l'Etat, et l'indication de la part à faire au Conseil de gouvernement dans l'exercice de ces droits va nous permettre de donner une idée plus précise du rôle que ce Conseil nous semble devoir être appelé à remplir[2].

C'est surtout dans ses rapports avec les peuples étrangers qu'il importe de donner à l'Etat une personnification forte et simple. Les traités seront d'autant plus avantageux, qu'ils pourront se préparer avec plus de secret et se conclure avec plus d'à-propos et de sécurité. Il est donc de l'intérêt du pays que le chef de l'Etat soit seul maître des négociations, et que la validité des conventions ne reste point subordonnée à la ratification du Corps législatif, dont les dispositions sont toujours incertaines, et qui fait de toute question un sujet de controverse[3]. Que la consti-

[1] Dans toute organisation fondée sur les institutions parlementaires, l'effort de chaque ministre ne tend qu'à assurer la *durée* du ministère. Ce n'est point de son action qu'il faut attendre les réformes larges et profondes que peuvent réclamer les intérêts confiés à l'administration. Il ne vise qu'à mettre sa responsabilité à couvert, et dès qu'il est parvenu à maintenir l'*ordre matériel* dans les divers services, il considère sa mission comme remplie.

[2] Je ne m'occupe ici que des attributions à donner au Conseil dans la sphère du gouvernement. Mais il aura aussi à intervenir dans l'administration, pour les mesures de nature à se rattacher à la politique. Je m'en expliquerai dans l'article suivant.

[3] « Une partie contractante ne se détermine communément à faire connaî-« tre sa dernière cession qu'au moment où elle est certaine de pouvoir ter-« miner à ce prix. Jusque-là, elle craindrait de donner avantage sur elle en « faisant connaître le sacrifice auquel sa position ou ses intérêts la contrai-

tution n'autorise le chef de l'Etat à arrêter et signer les traités, que de l'avis et du consentement du Conseil du gouvernement, et elle conciliera la garantie due à la nation, avec la liberté et l'autorité nécessaires à celui qui a mission de négocier et de traiter pour elle.

J'en dirai autant du droit de déclarer la guerre. « Si les « divers souverains de l'Europe, fidèles aux règles de la plus

« gnent; et sa réserve augmenterait, si la faiblesse constitutionnelle du « pouvoir négociateur n'offrait aucune garantie morale de l'approbation du « corps politique auquel la ratification des traités est attribuée. D'ailleurs, « si l'on cumule ensemble et cette disproportion de forces, et la supériorité « du privilége departi à l'Assemblée nationale, et l'influence encore d'un « autre droit qu'elle s'est réservé, celui *de requérir le pouvoir exécutif de « négocier la paix*, il est évident que le Corps législatif demandera d'être « instruit du cours des négociations; et cette information devenant un sujet « de controverse au milieu d'une assemblée nombreuse, la nation étrangère « contractante sera parfaitement éclairée sur les dispositions du Corps lé- « gislatif; et comme la nature de son gouvernement la rendra maîtresse de « toutes les parties de son secret politique, la supériorité dont elle jouira « sera pareille à l'avantage d'un négociant qui, par une puissance magique, « connaîtrait les dernières intentions des vendeurs ou des acheteurs, sans « être jamais obligé de découvrir les siennes à l'avance. Il ferait à coup sûr, « avec ce talisman, la plus grande fortune.

« Souvent, d'ailleurs, il n'est qu'un moment pour terminer convenable- « ment une négociation politique; car l'assentiment de la puissance contrac- « tante peut dépendre de plusieurs circonstances passagères, de plusieurs « circonstances même que la publicité seule de la négociation commencée « dénature absolument. Et quand on pense encore que par un débat intro- « duit au milieu d'une assemblée nombreuse, que par la seule nécessité de « ce débat préalable, la fin d'une guerre serait peut-être retardée d'une « année; quand on pense qu'une paix indispensable pourrait être éloignée « par les discours fanfarons de tous les quêteurs d'applaudissements, on « frémit d'un pareil langage, et l'on ne peut s'empêcher de croire que les « Anglais ont agi sagement en remettant au chef de l'Etat le pouvoir né- « cessaire pour traiter de la paix d'une manière définitive, et pour conduire « à leur dernier période toutes les négociations politiques. » NECKER, *Du pouvoir exécutif dans les grands États*, voyez œuvres complètes, t. VIII, p. 2.

« parfaite loyauté, ne se faisaient jamais la guerre qu'après « s'être avertis de leurs desseins par une déclaration for- « melle, une assemblée nombreuse, qui délibérerait publi- « quement sur l'adoption ou sur la rejection d'une mesure « de cette importance, serait à peu près au niveau d'un roi « méditant dans le secret de ses Conseils. Mais on est in- « struit par l'expérience, que la politique des princes s'af- « franchit, quand il leur plaît, de ces gênes morales. Et « alors il n'y a aucune égalité entre un monarque qui dé- « clare la guerre en la faisant, et une Assemblée nationale « qui discute à huis ouvert une pareille question, et qui « manifeste ainsi ses dispositions bien avant l'époque où « son action devra commencer. Elle peut, sans doute, adop- « ter ou rejeter la proposition d'une guerre avec une telle « promptitude, que les inconvénients d'une publicité pré- « maturée soient essentiellement écartés; mais une telle « accélération ne peut exister qu'aux dépens de la sagesse, « aux dépens des règles d'une prudente circonspection, « et c'est un autre malheur. Comment, d'ailleurs, attendrait- « on une délibération rapide sur un sujet si grave, à moins « que l'opinion n'eût été préparée dans les clubs ou les so- « ciétés qui dominent l'assemblée des législateurs ? Mais « alors l'objection serait la même, et son application seule « serait changée.

« Supposons maintenant l'hypothèse où deux puissances, « après avoir examiné longtemps s'il leur convient ou non « de faire la guerre, se déterminent à rester en paix. L'une « d'elles a pu renfermer des incertitudes dans le secret d'un « cabinet politique, et n'a point éveillé la défiance. L'autre, « par sa constitution, a laissé voir ses doutes à toute l'Eu- « rope ; elle a montré peut-être qu'une légère majorité, dans « une assemblée nombreuse, a déterminé son système paci-

« fique; les alarmes naissent au dehors, les mesures de dé-
« fense y sont ordonnées; ces mesures amènent des précau-
« tions reciproques; la querelle s'engage, et la guerre
« devient le résultat d'une simple discussion faite avec pu-
« blicité [1]. »

La difficulté ne sera-t-elle pas plus grande encore, si la guerre, au lieu de faire l'objet d'une question sinon prévue, au moins posée en termes nets et précis, est susceptible d'une discussion positive? Que des hostilités éclatent de la part d'une puissance étrangère; que ses troupes fassent une incursion sur les frontières; que ses vaisseaux portent atteinte à l'honneur du pavillon ou à la liberté des mers; que ses préparatifs seulement deviennent menaçants, faudra-t-il attendre une délibération et une détermination du Corps législatif pour répondre à une injuste agression, ou se préparer à la lutte?

Et cependant, « il faut que les hostilités, comme les dé-
« clarations de guerre, émanent de la même décision, et les
« préparatifs, avant-coureurs de ces démarches, doivent en-
« core être soumis à la même autorité; car souvent ils suffi-
« sent pour engager une querelle politique [2]. »

[1] Necker, *Du pouvoir exécutif dans les grands États;* voyez œuvres complètes, t. VIII, p. 217.

[2] Necker ajoute dans sa critique des dispositions de la Constitution de 1791 sur ce point : « Mettre en article : *le roi a le droit de commencer des hostili-« tés,* tandis qu'on avait dit : *la guerre ne peut être décidée que par un décret « du Corps législatif,* aurait fait rire toute l'Europe, et l'on courait le risque « que, dans l'aréopage national, une voix s'élevât pour demander si des « hostilités n'étaient pas une déclaration de guerre, et pour rappeler que « depuis longtemps la plupart des guerres avaient commencé par des hosti-« lités, et que les déclarations de guerre avaient été changées en manifestes « justificatifs d'une agression faite sans aucun avertissement.

« D'un autre côté, prendre une marche opposée et mettre en article : *les « hostilités ne peuvent être décidées que par un décret du Corps législatif,* c'eût

Force est donc de mettre le *droit de guerre* dans les mains du chef de l'État, et de ne lui imposer d'autre entrave que la condition de ne l'exercer que de l'avis et du consentement de son Conseil de gouvernement.

« Le président des États-Unis est le chef de l'armée, mais « cette armée se compose de six mille soldats ; il commande « la flotte, mais la flotte ne compte que quelques vaisseaux; « il dirige les affaires de l'Union vis-à-vis des peuples étran- « gers, mais les États-Unis n'ont pas de voisins. Séparés du « reste du monde par l'Océan, trop faibles encore pour vou- « loir dominer la mer, ils n'ont point d'ennemis, et leurs in- « térêts ne sont que rarement en contact avec ceux des au- « tres nations du globe [1] ».

Ce passage fait voir, par les considérations mêmes qui justifient l'attribution du commandement des forces de terre et de mer au président des États-Unis, à quel point il importe qu'il soit interdit au chef du gouvernement en France.

On sait d'ailleurs, en France, ce qu'il faut de temps au chef d'une armée pour se faire de consul, empereur!

Je chercherai, quand je traiterai de l'autorité administrative, à indiquer quelle est la part à ménager au chef du gouvernement, dans la nomination aux emplois, pour maintenir l'administration sous l'empire du principe de la centralisation. Mais je dois faire mention ici des fonctions de com-

« été ménager un grand avantage aux autres nations; et quelqu'un dans « l'assemblée, se rappelant que les dernières guerres maritimes avaient « commencé par l'enlèvement subit de tous nos vaisseaux et de tous nos « gens de mer, aurait demandé s'il était politique de rendre à l'avance im- « possible toute revanche de ce genre, et d'augmenter ainsi la sécurité d'un « pareil genre d'agression envers nous. » Voyez *Du pouvoir exécutif*, œuvres complètes, t. VIII, p. 222.

[1] *De la démocratie aux États-Unis*, par M. de Tocqueville, t. x, p. 203.

mandant des forces de terre et de mer, et de représentant de la France près des nations étrangères.

Ces fonctions, par leur nature, ont directement et exclusivement trait aux affaires du gouvernement; il est rationnel, dès lors, que le choix des hommes chargés de les remplir appartienne à l'autorité instituée pour connaître des affaires suprêmes de l'État. Et on est ainsi amené à dire que les commandants en chef, dans les armées de terre ou de mer, les ambassadeurs, les ministres ou chargés d'affaires, ne pourront être nommés que de l'avis et du consentement du Conseil de gouvernement.

Je ne crois pas devoir m'arrêter aux critiques dont le droit de grâce a fait l'objet [1]. L'erreur des publicistes qui l'ont attaqué a été de supposer que les affaires humaines comportaient des règles absolues; et ce n'est que par l'exagération qui distingue leurs systèmes qu'ils ont été entraînés à méconnaître le principe et les effets du droit de grâce.

La peine, de quelque source qu'on fasse dériver le droit de punir, a pour but final la conservation de l'ordre social; elle est prononcée dans l'intérêt de la société, c'est à la société qu'elle appartient; il est donc rationnel que la société reste maîtresse de son application et puisse, à son gré, en exiger l'accomplissement ou y renoncer. Or, elle a dans l'exercice du droit de pardonner un admirable moyen de venir en aide au législateur pour proportionner le châtiment à la faute, et pour amener le coupable au repentir et à l'amendement.

Pour le juge, la loi est inflexible; enchaîné par ses dispositions, il n'apprécie les faits que dans leurs rapports avec les qualifications prises pour base de la répartition des

[1] Voyez notamment Bentham, *Législation pénale*, troisième partie, chap. x.

peines; il n'est que trop souvent réduit à déplorer de ne pouvoir prendre la mesure du châtiment dans la perversité de l'agent[1]. Et sa sentence prononcée, le coupable lui échappe sans retour; il ne saurait lui appartenir de seconder la punition dans ses effets, et de veiller à ce qu'elle atteigne son but moral, qui est de détourner celui qu'elle frappe du chemin du vice.

C'est à la grâce de suivre la justice, pour compléter son œuvre.

Il faut, au-dessus des tribunaux, un pouvoir dont le privilége soit de revoir les condamnations demandées et obtenues au nom de la société, de rechercher dans les circonstances révélées par l'instruction, le secret de l'intention et le degré de la criminalité, et, en tenant de cet élément le compte le plus exact, de donner à la conscience humaine, dans l'application de la peine, la satisfaction que l'imperfection inhérente aux institutions de ce monde n'a pas permis de lui ménager dans le jugement.

Il faut que la société fasse sentir sa clémence protectrice jusque dans le lieu de l'expiation ; il faut qu'elle donne au coupable l'espérance pour compagne et pour appui, pendant toute la durée de sa peine, afin de le consoler et de le faire entrer, de l'encourager et de le soutenir dans la voie du repentir et de la réforme.

Et dans quelles mains mettre en dépôt ce droit de pardon ou de pitié, si ce n'est dans celles du chef de l'État? Hésiterait-on à l'investir d'une prérogative dont l'exercice ne saurait jamais être pour l'autorité suprême qu'une source de considération et de respect?

[1] Voyez *Théorie du Code pénal*, par MM. Chauveau-Adolphe et Faustin Hélie, t. I, chap. I, p. 18; et *Du pouvoir exécutif dans les grands États*, par Necker, œuvres complètes, t. VIII, p. 146.

Mais, dans l'ancienne monarchie, les rois ne se contentaient pas d'intervenir pour remettre la peine après que la justice avait eu son libre cours, quand le crime était constaté, quand les juges avaient condamné; ils accordaient aussi des lettres de rémission, des lettres de pardon, et, plus souvent, des lettres d'abolition, dont l'effet était, quand elles précédaient le jugement, d'empêcher la recherche et la punition du crime ou délit, et, quand elles ne venaient qu'après le jugement, d'effacer et d'anéantir à la fois et la condamnation, et le fait qui l'avait motivée[1].

« Dans l'origine, les lettres d'abolition furent toujours « générales et accordées dans un but politique, pour calmer « les haines et rapprocher les partis divisés par suite d'émo- « tions populaires[2]. . . . . »

Par trait de temps, le droit d'abolition prit une bien plus grande extension. « Les abolitions, qui, dans leur principe, « étaient générales et politiques, furent trop souvent appli- « quées à un individu et à un crime isolé. Ainsi, on vit des « lettres d'abolition accordées à des déserteurs, à des comp- « tables de deniers publics, à des notaires ou à des greffiers « en retard de faire contrôler ou insinuer leurs actes, à des « pirates, des meurtriers. Beaucoup furent accordées à des « personnages puissants, à de grands seigneurs; d'autres « à des malheureux, plus à plaindre peut-être qu'à blâmer; « mais dans tous les cas, et quels que fussent les individus « auxquels s'adressaient ces abolitions particulières, elles « n'étaient pas moins un triste abus du pouvoir royal[3]. »

[1] Voyez Pothier, *Traité de la procédure criminelle*, et M. Dupin, *Encyclopédie du droit*, v° *Amnistie*.

[2] Voyez M. Dupin, *ibid*.

[3] Voyez M. Dupin, *ibid*.

Les restrictions que les magistrats prirent soin de faire insérer dans l'ordonnance de 1670, furent impuissantes à le réprimer ; et le droit d'abolition resta comme un refuge ouvert aux criminels assez puissants pour revendiquer les faveurs royales.

Sous l'Empire, Napoléon, lorsqu'il consentit l'acte additionnel aux Constitutions, se fit accorder, par l'article 57, le droit d'amnistie, indépendamment du droit de grâce.

Louis XVIII, si fidèle à reprendre les traditions de la monarchie, se fit, au contraire, un devoir de considérer le droit d'amnistie comme compris dans le droit de grâce. Bien que dans la Charte il n'eût stipulé comme prérogative que le droit de grâce, il ne fit, durant son règne, nulle difficulté d'accorder des amnisties, sans le concours du pouvoir législatif.

Et Louis-Philippe, à son tour, n'eut garde d'imposer sous ce rapport aucune restriction au pouvoir royal. Plusieurs amnisties furent proclamées par simples ordonnances, dans les temps les plus rapprochés de son avénement.

Quoi qu'il en soit, « c'est une erreur capitale que de con« fondre l'amnistie et la grâce : il y a une distance immense « entre ces deux droits. La grâce ne remet que la peine ; elle « maintient et le fait criminel et le jugement ; l'amnistie ne « remet point, elle efface, elle retourne vers le passé et y dé« truit jusqu'à la première trace du mal ; elle arrête le cours « de la justice quand elle intervient avant le jugement ; elle « efface à la fois et le fait criminel et le jugement de con« damnation, quand elle intervient après. . . . .
« . . . La grâce, c'est la miséricorde qui respecte la loi et lui « laisse toute sa liberté d'action ; l'amnistie, c'est une volonté « nouvelle qui se substitue à la volonté de la loi[1]. . . »

[1] Voyez M. Dupin, *Encyclopédie du droit*, v° *Amnistie*.

Le savant magistrat qui signale avec une si heureuse précision, dans le passage que nous venons de citer, les caractères distinctifs de l'amnistie, n'hésite point à reconnaître que « l'amnistie par sa généralité, la nature des délits aux-« quels elle s'applique le plus souvent, est une mesure de « haute politique, dont l'emploi ne peut être absolument dé-« fendu.

« Quand un gouvernement a dans sa main tous les moyens « de combattre et de détruire par la force les factions enne-« mies, il peut être utile, il est bon que, dans l'occasion, il « puisse essayer de ramener à lui ceux qui lui sont con-« traires, en donnant le pardon et en promettant l'oubli [1]. »

Mais il veut que l'amnistie ne puisse être accordée que par un acte législatif.

Quant à nous, nous ne dissimulerons pas que si cette doctrine a pour elle la rigueur des principes, elle est difficile à concilier avec les exigences des faits.

L'amnistie, pour donner les résultats qu'on se propose nécessairement d'obtenir en l'accordant, doit intervenir avec une opportunité que le pouvoir exécutif est seul à même de bien saisir. Il y a dans cette mesure quelque chose d'imprévu et d'immédiat, qui ne permet guère de la subordonner au concours d'une assemblée législative, qui peut ne pas être réunie et dont il faudrait attendre la réunion. Ne serait-ce pas aussi, le plus souvent, exciter des discussions véhémentes et irriter les passions que l'amnistie est précisément destinée à calmer, que d'en soumettre le projet à une assemblée dont les débats et les délibérations sont publics? Ne serait-ce pas, surtout, enlever à cette mesure son mérite d'acte de clémence, libre, spontané, et ménager, par cela même, aux partis le plus facile moyen d'en paralyser les effets?

[1] Voy. *Encyclopédie du droit* v° *Amnistie*.

On craint le retour des abus de l'ancien régime? Vaine crainte!

Ces abus ne provenaient que de l'exercice du droit d'abolition au profit d'individus et à l'égard de crimes isolés. Or, il ne peut plus être question aujourd'hui d'abolitions de ce genre. Le propre de l'amnistie est d'être générale. Elle ne peut être accordée que dans un intérêt public, en dehors de toute considération de personne; à une catégorie de citoyens, à ceux qui ont pris part à une sédition ou à ceux qui se sont rendus coupables d'une certaine nature de crimes ou délits. Le fait est seul envisagé, l'individu s'efface, et il apparaît, par la portée même de la concession, qu'elle est faite aux exigences de la politique, et non aux obsessions de la faveur.

J'ajouterai qu'à la différence du droit de grâce, l'exercice du droit d'amnistie me semble éminemment de nature à comporter, à titre de garantie, le concours du Conseil de gouvernement. Du moment que l'amnistie ne doit être qu'une mesure politique, l'appréciation des circonstances qui la peuvent motiver est évidemment de l'office de ce Conseil.

Sans préjuger les rapports que le dépositaire du pouvoir exécutif aura avec le Corps législatif soit au point de vue de sa convocation ou de son ajournement, soit au point de vue des renseignements et explications à lui fournir, ou des mesures à lui proposer ou des besoins à lui signaler, nous avons prévu le danger des entraînements du pouvoir législatif, et nous avons reconnu la nécessité d'assurer au chef du gouvernement la faculté d'opposer une résistance à des résolutions hâtives ou inconsidérées.

On ne peut songer, dans une constutition républicaine, à faire intervenir le chef de l'État dans les actes législatifs;

ce serait l'admettre à participer à la souveraineté. On ne peut non plus songer à soumettre les « opinions du Corps « législatif à aucune espèce de censure régulière, puisque, « de cette manière, l'idée si nécessaire de sa supériorité « n'existerait plus » [1].

Et on se trouve ainsi amené à l'idée du *veto suspensif*, que les Américains ont consacré et qui, chez nous, avait pris place dans la Constitution de 1791.

L'exercice de ce droit d'opposition n'est, au fond, qu'un appel des surprises de l'erreur ou de la passion à la sagesse et à la raison de l'Assemblée législative elle-même.

L'efficacité de la sauvegarde ne dépendra que de la fermeté avec laquelle se produira la résistance, et de l'appui qu'elle empruntera à l'opinion publique. Si le chef du gouvernement n'était pas suffisamment enhardi à faire usage de son droit, ou si l'assemblée législative ne s'arrêtait pas devant son *veto*, comme devant un avertissement de haute gravité, il n'y aurait plus de frein ni de contre-poids à l'autorité du peuple.

Sous ce double rapport, le Conseil de gouvernement offre une précieuse ressource; il suffit de son concours pour garantir à l'opposition toute la force qu'elle doit avoir. Lorsque le chef de l'État se présentera à la tête du pouvoir exécutif tout entier et parlera en son nom, qui pourrait ne pas être frappé de la majesté de son rang et de l'autorité de sa parole?

Il me reste à réclamer pour le Conseil du gouvernement le droit de fixer le sens des lois par voie d'actes interprétatifs et le droit de prononcer sur les conflits de juridiction.

De ces deux attributions qui touchent à la limite sépa-

[1] Necker, œuvres complètes, t. VIII, p. 54.

rative des pouvoirs législatif et exécutif, la première surtout n'est pas sans difficultés. Sa justification veut des développements.

Les lois, comme toutes les œuvres humaines, sont sujettes à l'imperfection ; le juge chargé de les appliquer peut se trouver en face d'une impénétrable obscurité, et, sous peine d'abandonner ses décisions à l'empire du doute et de l'erreur, et de laisser périr la foi en la justice, qui est le premier besoin des peuples, il faut bien venir en aide à la loi et, en déterminant son véritable sens, lever les obstacles que rencontre son exécution.

A l'origine, le problème n'a été posé et résolu que dans ses termes les plus simples; l'interprétation n'a eu pour but que d'expliquer la parole du législateur et de dissiper toute incertitude sur sa pensée. Et en partant de ce principe, on n'a point eu à distinguer entre le passé et l'avenir, quant à la portée de l'interprétation. La seule question a été de savoir à quelle autorité devait appartenir le droit d'interpréter, et on l'a tranchée par application de la vieille maxime : *Cujus est condere ejusdem est interpretari.*

L'ordonnance de 1667 déclare que l'interprétation des lois ne peut émaner que du roi, seul législateur, à l'exclusion de l'autorité judiciaire[1]. Dans les lois des 16-24 août 1790, titre II, art. 12, et 27 nov.-1er déc. 1790, art. 21, dans la Constitution du 3 sept. 1791, chap. V, tit. III, art. 21, et dans la Constitution du 5 fructidor an III, le droit d'interprétation est pareillement réservé au dépositaire du pouvoir législatif. Et le vœu de la nouvelle législation, de même que de l'ancienne, est que l'acte interprétatif précède le jugement du procès qui a révélé la nécessité de l'interprétation, et qu'il lui serve de base.

[1] Voyez tit. 1er, art. 7.

En 1807, il intervint, à la date du 16 septembre, une loi dont les dispositions sont conçues ainsi : Art. 1er. Il y a lieu « à interprétation de la loi, si la Cour de cassation annule « deux arrêts ou jugements en dernier ressort, rendus dans « la même affaire, entre les mêmes parties, et qui ont été « attaqués par les mêmes moyens. — Art. 2. Cette inter- « prétation est donnée dans la forme des règlements d'ad- « ministration publique. »

Le Conseil d'Etat exerça, sans conteste, le droit que lui conférait cette loi jusqu'à la Restauration. Mais dès la promulgation de la Charte, on soutint que par cela même qu'elle avait rétabli le pouvoir législatif dans ses prérogatives, elle avait virtuellement abrogé la loi du 16 septembre 1807. Cette pensée avait fait assez de progrès en 1823, pour que le gouvernement sentît le besoin de la combattre.

Ce fut l'objet d'un avis émis par le Conseil d'État, le 27 novembre 1823. Le Conseil d'Etat considère, dans cet avis, que la loi de 1807, en attribuant le droit d'interprétation au roi, a simplement entendu « régler la faculté du recours à « une autorité supérieure, toutes les fois que la Cour de cas- « sation et les Cours royales, ayant embrassé dans un procès « des opinions opposées, l'intervention de cette autorité est « le seul moyen par lequel on puisse faire cesser le dissenti- « ment et terminer le procès...

« Que la décision étant accordée à l'occasion d'un procès « et pour lever l'obstacle qui en empêchait le jugement, et « étant d'ailleurs rendue par le roi, chef suprême de l'Etat « et source première de la justice, n'est qu'une interpré- « tation judiciaire qui n'a ni le caractère, ni les effets d'une « interprétation législative, que l'intervention de l'autorité « législative pourrait seule lui attribuer ;

« Que cette interprétation, légalement bornée au cas par-
« ticulier pour lequel elle a été donnée, n'est pas la règle
« nécessaire de tous les cas analogues, en quoi elle diffère
« essentiellement de la loi ;

« Que, par conséquent, la disposition qui vient d'être exa-
« minée n'a rien de contraire aux prérogatives de l'autorité
« législative, ni à la Charte qui les a réglées. »

Et il en conclut « que la loi du 16 septembre 1807, rela-
« tive à l'interprétation des lois, est parfaitement compati-
« ble avec le régime constitutionnel établi par la Charte... »

Le Conseil d'État s'efforçait, pour sauver la loi de 1807, de la rattacher à une distinction qui lui est, à coup sûr, étrangère. Le discours de l'orateur du gouvernement pour la présentation de cette loi, dit expressément que les interprétations qu'elle prévoit et règle sont destinées à remplacer les interprétations que donnait précédemment le pouvoir législatif; et, en fait, on a toujours vu dans les avis du Conseil d'État de véritables interprétations législatives.

Toutefois, il est important de relever la distinction faite dans l'avis du 27 novembre 1823; car cette distinction, qui n'avait pas encore été présentée, est fondamentale. Il est très-vrai que lorsque le juge se trouve arrêté par l'obscurité de la loi, il naît une double nécessité : premièrement la nécessité de mettre fin au procès, et secondement la nécessité de déterminer pour l'avenir le sens de la loi. Et il est très-vrai que tandis qu'il est dans les attributions du législateur de répondre à la seconde, il ne saurait être de son office de donner satisfaction à la première, soit parce que le pouvoir législatif ne peut et ne doit pas s'ingérer dans la décision d'un cas particulier, soit parce qu'il n'est pas dans sa nature, ainsi que nous l'établirons bientôt, de se résigner à ne remplir qu'un rôle d'interprète exact et fidèle [1].

Cette distinction a fait la base de la loi du 30 juillet 1828. Aux termes de cette loi, le juge doit prononcer, quelle que puisse être l'obscurité de la loi; la question peut être soumise deux fois à la Cour de cassation; mais le jugement rendu après la seconde cassation n'est pas susceptible de pourvoi. Voilà pour la contestation engagée. Quant à l'avenir, il en est référé au roi, afin que, dans la plus prochaine session législative, une loi interprétative soit présentée aux Chambres. Ainsi, la loi de 1828 a voulu que l'interprétation fût dégagée de toute contestation spéciale. Le procès devait être jugé par les tribunaux et dans les formes ordinaires, avec cette particularité que le dernier mot était donné aux Cours royales, et non à la Cour de cassation. L'interprétation devait ensuite émaner du pouvoir législatif, et seulement en vue d'une règle à tracer aux tribunaux pour l'avenir.

Ce système a été soumis à l'épreuve de la pratique ; en voici les résultats :

« Dans une multitude de circonstances, la Cour de cassa-
« tion en a référé au gouvernement, et ce n'est que dans un
« très-petit nombre de cas que le gouvernement a pu de-
« mander aux Chambres des dispositions législatives. Les
« Chambres elles-mêmes semblaient répugner à s'occuper
« de ces intérêts, qui ne présentaient pas ordinairement le
« caractère de généralité qui doit distinguer les lois [2]. »

[1] Voyez M. Duvergier, dans ses notes sur l'avis du 23 novembre-17 décembre 1823, sur la loi du 30 juillet 1828, sur celle du 23 avril 1836, et enfin, sur la loi du 1er avril 1837. Je trouve, à chaque pas, un appui dans les documents et dans les appréciations que me fournit ce judicieux auteur.

[2] Voyez l'exposé des motifs de la loi du 1er avril 1837, à la Chambre des pairs, par M. le garde des sceaux.

Les questions les plus susceptibles de controverse sont donc restées sous le coup des arrêts de Cours royales rendus après deux cassations; et « de là, le sacrifice, au grand dé« triment du bien public, de l'*unité* de la jurisprudence. De « là aussi l'abandon formel de l'*unité* de la législation, puis« que les nombreuses Cours du royaume pouvaient juger dif« féremment la même question; c'était admettre autant « de lois ou d'interprétations de lois que de ressorts de Cours « royales [1]. »

Ce n'est pas tout; l'expérience a prouvé que le Corps législatif, dans son omnipotence, ne veut pas s'assujettir à interpréter; qu'il prétend presque toujours remplacer la loi, dont l'exécution rencontre des difficultés, par une loi *nouvelle*; qu'il méconnaît ainsi les exigences des faits accomplis, et que, par cela même, ses dispositions viennent constamment échouer contre des impossibilités morales et matérielles d'application [2].

Pour échapper à ces inconvénients, on est revenu sur la loi du 30 juillet 1828; et, reprenant la distinction dont le germe était déposé dans l'avis du 23 novembre–17 décembre 1823, on a fait en sorte que l'autorité de la chose jugée appartînt en définitive à la Cour suprême, et non aux Cours royales; on a dit que la Cour de cassation résoudrait les questions d'*interprétation* proprement dite; que, gardienne et dépositaire du véritable esprit de la loi, elle fixerait par sa jurisprudence le sens selon lequel ses dispositions devraient être entendues et appliquées, et que le gouvernement ou l'autorité judiciaire n'auraient désormais à provoquer aucune intervention du législateur; que s'il sentait

[1] Voyez l'exposé des motifs de la loi du 1er avril 1837, à la Chambre des pairs, par M. le garde des sceaux.

[2] Voyez M. Duvergier, sur la loi du 30 juillet 1828, note 1.

le besoin de faire cesser les embarras et les difficultés d'une disposition mal conçue et diversement comprise, son droit, comme son devoir, serait sans doute de la remplacer par une disposition plus claire, plus précise, plus intelligible; mais que la loi nouvelle ne devrait être faite qu'en vue de l'avenir, et laisserait le passé sous l'empire exclusif de la loi ancienne [1].

Une loi du 1er avril 1837 a consacré ce système. Ne nous méprenons pas sur la portée de cette loi.

Elle interdit au pouvoir législatif de rechercher et de déclarer le sens d'une loi ancienne, et qu'il s'agit d'appliquer et non de refaire ; elle lui refuse, en réalité, le droit d'interprétation ; et, en cela, elle nous paraît faire bonne justice d'une vieille erreur.

Mais de ce que le droit d'interprétation ne peut être attribué au législateur, s'ensuit-il qu'il doive se confondre avec le droit de juridiction?

La loi de 1837, en ne faisant du droit d'interprétation qu'une dépendance du domaine de l'autorité judiciaire, a tout simplement supprimé ce droit. Il n'est plus, chez nous, d'actes dont l'objet soit de dissiper et de faire cesser, par une décision générale et définitive, les doutes sur le sens des lois, et de tracer une règle à suivre par les tribunaux dans leur application. Les arrêts de la Cour de cassation sur les questions d'interprétation n'ont pas d'autre caractère que celui qui appartient à tous les autres arrêts. L'autorité de la chose jugée par ces arrêts ne va point au delà du litige; et à l'égard de tous autres procès, ils n'obtiennent que l'autorité morale accordée aux monuments de la jurisprudence.

[1] Voyez l'exposé des motifs de la loi du 1er avril 1837, à la Chambre des pairs, par M. le garde des sceaux.

Or, la Cour de cassation est maîtresse de revenir sur sa décision, et elle ne donne que trop souvent elle-même l'exemple de la mobilité [1]. On n'a point encore oublié ses variations sur la question de l'adoption des enfants naturels !

D'un autre côté, les doctrines de la Cour de cassation n'ont pas, à beaucoup près, l'ascendant qu'il a été dans le but de l'institution de leur ménager. Les Cours royales ne sont que trop disposées à se croire aussi éclairées et aussi judicieuses que la Cour suprême, et à engager et soutenir la lutte avec elle [2].

Plus une question est grave par les intérêts auxquels elle touche, plus elle est susceptible de controverse en raison des incertitudes que comporte l'interprétation des textes qui la dominent, et moins la Cour de cassation a d'autorité et de force pour mettre un frein à la multiplicité des procès et à la diversité des jugements, et moins elle répond au but de son institution qui est de maintenir cette unité et cette fixité de jurisprudence, en dehors de laquelle il n'y a ni liberté, ni sécurité pour les actes de la vie civile.

M. Duvergier, qui n'avait pas manqué de prévoir les conséquences du système inauguré par la loi du 1er avril 1837, semble croire qu'il suffisait, pour les écarter, de déclarer que le principe établi par tout arrêt rendu en Cham-

[1] Et que serait-ce donc si la magistrature étant éligible, le personnel de la Cour de cassation se modifiait constamment?

[2] « M. le procureur général Dupin, écrit M. Duvergier, sur l'art. 2 de la « loi du 1er avril 1837, disait tout récemment, dans un de ses réquisitoires, « que depuis la loi du 30 juillet 1828, sur 49 arrêts rendus par les Cours « royales après double cassation, 29 ont été conformes, et 20 contraires à la « jurisprudence de la Cour de cassation. Ainsi, ajoutait-il, voilà la proportion dans laquelle l'unité de jurisprudence est détruite, 20 sur 29, c'est-à-« dire dans les deux cinquièmes des affaires. »

bres réunies, ferait désormais *règle* pour tous les tribunaux[1].

Mais il est difficile de comprendre que la Cour de cassation, statuant en vue d'une *espèce*, soit réduite à se lier irrévocablement à un point de vue général. Il faudrait, d'ailleurs, en revenir à autoriser les arrêts de règlement; et on avouera sans doute que ce serait une arme par trop dangereuse dans les mains d'un corps qui devra, tout le fait présumer, une plus complète indépendance, une puissance toute nouvelle à l'organisation qui se prépare.

Nous sommes donc amenés à nous adresser au chef du pouvoir exécutif ou, pour plus de vérité, au Conseil institué pour l'assister.

On est bien assuré que cette assemblée devra à sa composition les connaissances historiques et judiciaires, et les habitudes de jurisprudence qui mènent à la saine intelligence des lois;

Etrangère à l'exercice du pouvoir législatif lui-même, elle ne sera point tentée de renoncer à rechercher et déclarer la pensée du législateur, pour penser et vouloir à sa place[2];

Ses actes interprétatifs, conçus en dehors des préoccupations particulières, et émis à un point de vue général, participeront de l'impartialité qui doit caractériser les actes de tout pouvoir régulateur;

Ils donneront, en faisant règle pour tous les tribunaux, l'unité et la stabilité à la justice; leur autorité, d'ailleurs, liera l'administration elle-même dans les dispositions qui

[1] Voyez M. Duvergier, sur l'art. 2 de la loi du 1er avril 1837.

[2] Et si les empiétements étaient à redouter de sa part, il suffirait, pour en conjurer tous les dangers, d'imposer au gouvernement l'obligation de soumettre les actes d'interprétation à la sanction législative, au début de chaque session.

la pourront concerner; et c'est par conséquent dans toute la sphère de l'exécution des lois qu'ils porteront l'ordre et l'harmonie.

Le mérite de cette dernière considération va ressortir plus nettement des observations que nous avons à présenter touchant le droit de régler les conflits d'attributions entre les organes de la justice et ceux de l'administration.

L'Assemblée constituante, dont l'œuvre a pour base fondamentale la distinction des pouvoirs, se hâta, après avoir proclamé l'indépendance respective des autorités administrative et judiciaire [1], de procéder à l'organisation de ce principe. Les luttes entre l'administration et les tribunaux furent prévues et réglées sous la dénomination de *conflits*.

La loi des 7-14 octobre 1790 comprenait les conflits au nombre des *réclamations d'incompétence à l'égard des corps administratifs*, qui devaient être portées devant le roi lui-même.

La loi du 21 fructidor an III, plus précise, dispose qu'en cas de conflit d'attribution, il sera sursis, jusqu'à décision du ministre, confirmée par le Directoire exécutif, qui en référera, s'il est besoin, au Corps législatif [2].

Plus tard, ce référé devint incompatible avec le système de la Constitution de l'an VIII, qui tendait à centraliser tous les pouvoirs dans les mains du chef du gouvernement. La décision des conflits fut déférée au Conseil d'Etat, et l'on déclara que le droit de régler de tels conflits, lorsqu'ils se présentaient, n'appartenait qu'au gouvernement [3].

[1] Voyez loi du 16-24 août 1790, tit. II, art. 13.

[2] Voy. loi du 21 fructidor an III, art. 27, et arrêté du Directoire exécutif du 2 germinal an V.

[3] Voyez constitution du 22 frimaire an VIII, art. 52, et arrêtés des consuls des 5 nivôse an VIII, art. 11, et 23 fructidor an VIII.

Ce système fut fortement organisé par un arrêté des consuls, en date du 13 brumaire an X. Cet arrêté investit le préfet du droit d'*élever le conflit* sur toute question de la compétence administrative qui aurait été portée devant un tribunal, et, à cet effet, de prendre un arrêté déclarant que le *conflit est élevé*, et imposant aux tribunaux l'obligation de surseoir à toutes procédures, jusqu'à ce qu'il ait été prononcé sur le conflit.

Dans la suite, de nombreux avis du Conseil d'Etat, et notamment ceux des 12 novembre 1811, 22 janvier 1813 et 6 février 1821, ont bien eu pour objet de résoudre les difficultés relatives au règlement des conflits, mais il n'en est résulté aucune restriction au principe consacré par l'arrêté de brumaire an X.

Quoi qu'il en soit, les plaintes suscitées par les abus dont cette législation fut la source avaient pris assez de force en 1828, pour qu'on n'osât pas différer plus longtemps les modifications que réclamait l'opinion publique [1].

Une ordonnance du 1er juin 1828 eut pour but de réaliser les réformes demandées, et elle a régi jusqu'à ce jour toute la matière des conflits.

Aux termes de cette ordonnance, l'exercice du droit d'élever le conflit est frappé de graves restrictions et soumis à de nombreuses conditions, qui tendent à le concilier avec le respect dû à la justice. Mais elle conserve au Conseil d'Etat le droit de statuer sur le conflit.

Que le conflit doive être maintenu comme moyen de ramener à la distinction des pouvoirs le juge qui s'en écarte,

[1] Voyez pour l'exposé de ces plaintes, comme pour l'examen de la légalité de l'ordonnance de 1828, notre *Traité général de droit administratif appliqué*, t. II, p. 3 et suiv., nos 770 et 771.

et préfère l'autorité de sa juridiction aux règles de l'ordre public, c'est ce qui ne saurait faire l'objet d'un doute.

« Le pouvoir administratif, dès qu'il est indépendant du « pouvoir judiciaire, doit avoir les moyens de maintenir cette « indépendance. Son action doit être intacte dans le cercle « qui lui est tracé par le législateur. La voie doit lui être ou- « verte pour revendiquer l'exercice de son autorité, lors- « qu'il craint avec raison qu'elle ne soit envahie par les tri- « bunaux.

« L'exception d'incompétence qui doit parcourir tous les « degrés de juridiction, pour aboutir en définitive à la Cour « suprême, n'est pas toujours un moyen suffisant. D'ailleurs, « la déclaration d'incompétence par les tribunaux n'est pas « une règle pour l'autorité administrative. L'indépendance « des deux autorités y fait obstacle. Si elles avaient toutes « les deux déclaré leur incompétence, comment faire « cesser un conflit de cette nature, sans une autorité inves- « tie du pouvoir de le décider[1] ? »

Mais à quelle autorité conférer le droit de maintenir le principe de la séparation des pouvoirs? La Constitution le remettra-t-elle, à l'instar de ce qui a lieu en Belgique, à la Cour suprême?

J'y vois plus d'un obstacle.

Le règlement d'un conflit implique l'intervention d'un pouvoir supérieur aux autorités entre lesquelles est la lutte. Or, l'autorité administrative est sur le même rang que l'autorité judiciaire.

Il ne faut pas oublier d'ailleurs que, dans le passé, l'usur-

[1] J'emprunte ce passage à un discours prononcé sur les conflits, par M. Raikem, procureur général, à la rentrée de la Cour de cassation de Belgique, en 1843.

pation et, à sa suite, la confusion, sont venues de l'autorité judiciaire, et que c'est précisément le besoin de protéger l'autorité administrative contre ses empiétements qui a donné naissance au conflit.

Nous devons d'autant moins l'oublier que, du moment où la magistrature serait élective, on aurait plus à redouter de sa force et du sentiment exagéré de ses droits.

Enfin, le défaut de fixité dans ses doctrines, et la résistance des Cours royales à son ascendant, ne laisseraient pas moins à regretter dans le règlement des conflits que dans l'interprétation des lois.

Ce n'est pas, toutefois, que nous entendions souscrire à la législation présente, et insister pour que la mission de prononcer sur les conflits soit maintenue au Conseil d'Etat.

Je n'ignore point qu'il est aisé de justifier ce système, au point de vue de la théorie, en disant que le roi est appelé, par la loi de 1828, à régler les conflits en Conseil d'Etat, non comme administrateur suprême, dans l'intérêt de l'autorité administrative, mais comme dépositaire du pouvoir exécutif, à l'effet de rétablir l'accord entre les agents de l'administration et les tribunaux, qui s'en partagent l'exercice[1]. Mais il n'en est pas moins vrai, qu'en fait, c'est du Conseil d'État qu'émane la décision; que le Conseil d'Etat, tel qu'il est aujourd'hui constitué, c'est l'autorité administrative; et que cette autorité est, en réalité, juge et partie dans le débat.

Qu'en est-il résulté?

La magistrature a peine à accepter les ordonnances rendues sur conflits comme émanant d'un supérieur commun

[1] Voyez notre *Traité général de droit administratif appliqué*, t. II, p. 5, n° 772.

aux autorités administrative et judiciaire. Ces ordonnances n'ont jamais été pour les tribunaux et pour la Cour de cassation elle-même que des décisions d'espèces. De là, sur beaucoup de points entre la Cour de cassation et le Conseil d'Etat, des dissentiments qui se traduisent en une opposition directe et absolue de jurisprudence, et qui nous rejettent dans tous les inconvénients de nature à compromettre les plus précieux avantages de l'unité de législation [1].

Nous retrouvons donc ici la nécessité de demander au Conseil de gouvernement ce que nous ne pouvons obtenir ni de la Cour de cassation ni du Conseil d'Etat [2].

On a dans la composition même de ce Conseil, qui renfermera un égal nombre de magistrats et d'administrateurs, les plus hautes garanties de lumières et d'impartialité; ses décisions n'inspireront pas moins de confiance et de respect aux organes de la justice qu'aux agents de l'administration; et leur autorité sera vraiment celle qui doit s'attacher à tout acte régulateur.

Dans cette étude sur l'organisation à donner au gouvernement, j'ai laissé à l'écart les questions d'inviolabilité et de responsabilité; j'ai également fait en sorte de ne rien préjuger quant à la place à assigner aux ministres. Mon dessein a été d'exclure la pensée que l'institution d'un conseil de gouvernement dût être subordonnée aux dispositions de la Constitution sur ces points divers.

[1] M. Vivien a signalé quelques-uns des points sur lesquels portent ces dissentiments, dans un article qui a pour sujet un examen critique de notre *Traité général de droit administratif appliqué*. Voyez cette *Revue*, livraison de décembre 1845.

[2] On ne peut, en effet, hésiter à faire du droit de régler les conflits une attribution du dépositaire du pouvoir exécutif. « La décision des conflits, « dit M. Cormenin, t. I, p. 440, doit appartenir au gouvernement, quel qu'il « soit, monarchique ou républicain. »

Que l'on ait deux Chambres législatives, ou que l'on n'en ait qu'une seule, que les ministres soient interposés entre le chef de l'Etat et le Corps législatif, ou que l'on adopte une combinaison nouvelle pour faire au gouvernement une nécessité de ne prendre sa direction et son appui que dans la volonté du pays, le dernier terme du bon ordre social sera toujours dans l'institution d'un corps placé autour du chef du pouvoir exécutif, avec la mission d'aider, de surveiller ou de diriger l'exercice de ce pouvoir, et de l'animer dans toutes ses branches d'un même esprit d'harmonie, de suite et de progrès.

§ II. — De l'administration.

Dans la sphère administrative, l'autorité ne peut émaner que du dépositaire du pouvoir exécutif; il est le chef suprême de l'administration.

Des attributions qui lui appartiennent à ce titre, la plus grande partie doit faire l'objet de délégations au profit d'agents préposés aux divers services publics, dans un ordre et suivant des principes que nous essayerons d'indiquer tout à l'heure. Mais il est des mesures que leur importance et leur gravité commandent de réserver au chef de l'État.

Nous adopterons, pour l'étude de ces mesures, une division fondée sur l'autorité dont elles sont investies et sur le but que leur destination est d'atteindre, au point de vue de l'ordre social.

La mission du pouvoir exécutif est, nous l'avons établi au point de départ, de procurer l'exécution de la loi. La loi civile est presque toujours complète par elle-même, et les tribunaux n'ont à intervenir que pour appliquer à chacun la règle consacrée pour tous. Les devoirs qu'elle impose se lient d'ailleurs aux droits qu'elle confère, et la vigilance des droits garantit l'accomplissement des devoirs. Il en est autrement des lois relatives aux intérêts généraux du domaine de l'administration : à côté des prescriptions qui s'adressent directement aux citoyens et que l'office de l'autorité est simplement d'appliquer par le moyen de mesures individuelles ou spéciales, il se rencontre nombre de stipulations fondamentales qui réclament des dispositions secondaires pour les développer et les compléter. Dans ses actes à cet effet, le pouvoir exécutif n'entre point en contact direct avec les individus ou les faits, il proclame des règles et devient, à son tour, l'organe du pouvoir régulateur de la société.

Les actes du pouvoir exécutif, envisagés dans leurs principes et leurs effets, se partagent ainsi en deux grandes classes, qui se retrouvent à chaque degré de l'action administrative. L'une comprend les actes destinés à former le complément de la loi et qui procèdent de ce pouvoir que nous avons appelé *le pouvoir réglementaire*; dans l'autre, se rangent les actes dont l'objet est simplement d'appliquer les règles émanées du législateur ou du dépositaire du pouvoir réglementaire lui-même, et qui se produisent à titre de mesures individuelles ou spéciales.

Occupons-nous d'abord des actes du pouvoir réglementaire.

La loi donne, à tout instant, au chef du gouvernement mandat spécial de faire un règlement sur des objets déterminés. C'est ainsi que la loi du 18 mars 1806 accorde au gouvernement la faculté d'étendre à toute la France l'institution des prud'hommes [1]; que l'art. 1042 du Code de procédure civile laisse à régler dans la même forme, tant la taxe des frais que la police et la discipline des tri-

[1] Voyez ordonnance du 17 août 1825.

bunaux ; qu'aux termes de la loi du 14 floréal an XI, il doit être pourvu par des règlements d'administration publique au curage des rivières non navigables ni flottables, et à l'entretien des digues et ouvrages d'art qui les concernent ; que la loi du 24 avril 1806 prescrit de prendre dans la même forme les mesures propres à assurer le recouvrement des contributions indirectes ; que la loi du 29 floréal an X charge aussi le gouvernement de déterminer le poids des voitures de roulage ou des messageries ; que la loi du 15 juillet 1840, sur les chemins de fer, dispose que des règlements d'administration publique détermineront les mesures et les dispositions nécessaires pour assurer la police, la sûreté, l'usage et la conservation des chemins de fer et des ouvrages qui en dépendent.

Que le législateur doive rester maître d'abandonner au pouvoir réglementaire les choses qu'il croira sage de ne pas régler lui-même, on n'en saurait douter : le législateur est toujours l'organe suprême de la puissance publique.

Mais le propre du pouvoir réglementaire est de pourvoir aux choses de nature à échapper aux prévisions législatives [1]. Ce serait donc aller à l'encontre de sa destination que de subordonner l'exercice de ce pouvoir à une provocation, qui suppose toujours la détermination de l'objet en vue duquel elle se produit. Il faut que dès qu'une loi est rendue, le dépositaire du pouvoir réglementaire soit en droit de suppléer au législateur pour ordonner toutes les mesures nécessaires à son exécution ; ce droit ne peut lui venir que d'une disposition de l'acte constitutif des pouvoirs sociaux.

Les mesures réglementaires découlent de la même source,

[1] Voyez suprà, p. 10.

tendent au même but et y tendent par les mêmes voies que les mesures législatives. Elles procèdent, comme les dispositions législatives, du pouvoir régulateur de la société; elles sont dictées, comme elles, par les exigences du bien-être commun, et elles tracent, comme elles, des règles d'où naissent pour les citoyens des devoirs et des droits. Il importe donc souverainement d'entourer l'exercice du pouvoir exécutif, en ce qui concerne ces mesures, de toutes les garanties propres à en prévenir l'abus.

Dans la Constitution, il n'y a pas à tenter de circonscrire le pouvoir réglementaire dans des limites nettement tracées. Lorsqu'on a dit, dans l'art. 13 de la Charte, que « le roi « faisait les règlements et ordonnances *nécessaires pour* « *l'exécution des lois, sans pouvoir jamais ni suspendre les* « *lois elles-mêmes, ni dispenser de leur exécution*, » on a fait tout ce qu'il était possible de faire pour borner le champ du pouvoir réglementaire.

La déclaration qu'il n'est institué que comme moyen de procurer l'exécution de la loi, bien qu'assez vague et essentiellement générale, indique pourtant que l'usage n'en est légitime que pour venir en aide aux dispositions de la loi. Et il suffit de ce principe, dont l'application est, ainsi que nous l'expliquerons dans le paragraphe suivant, confiée à l'autorité judiciaire, pour protéger les droits publics ou privés des citoyens.

Le choix des dépositaires du pouvoir réglementaire, la répartition de ce pouvoir comportent des règles plus précises.

Le pouvoir réglementaire doit être placé à proximité des faits, puisque sa mission est de saisir ceux qui, dans leur diversité et leur mobilité, échappent au législateur. Or, au point de vue du compte à tenir en administration de l'instabilité et de la particularité des circonstances, le territoire comporte deux subdivisions : on a l'État, le département et la commune; c'est donc la raison qui veut qu'au sein de chacune de ces unités administratives, l'autorité instituée pour répondre aux exigences de la localité ou du moment, soit, à cet effet, armée du pouvoir réglementaire.

Mais s'en remettra-t-on au chef du gouvernement du soin de pourvoir à cette nécessité? Le pouvoir réglementaire sera-t-il dans ses mains un pouvoir dont il puisse librement disposer?

Il s'agit là d'un pouvoir qui participe de la nature du pouvoir législatif. Son organe est appelé à parler et commander avec la même force que le législateur. On a en lui, comme dans le législateur, un organe suprême de la puissance publique. Ne serait-ce pas, dès lors, renoncer à la plus précieuse garantie que de ne pas réserver à la Constitution, ou, tout au moins, à la loi, de désigner le dépositaire du pouvoir réglementaire, et de dire dans quelle mesure il lui appartiendra? Il n'y a pas à hésiter. Il faut que le pouvoir réglementaire ne puisse être exercé qu'en vertu d'une délégation directe, au profit du chef du gouvernement pour tout l'Etat; au profit du préfet, pour le département, et au profit du maire, pour la commune; et il faut aussi que ce pouvoir ne puisse être exercé, par ces diverses autorités, que dans la limite des intérêts spécialement et exclusivement confiés à chacune d'elles; qu'il ne puisse être exercé par le chef du gouvernement que dans la sphère des intérêts généraux; par le préfet, que dans la sphère des intérêts particuliers au département; par le maire, que dans la sphère des intérêts particuliers à la commune.

Il n'est point impossible qu'en dehors de ses attributions

à titre de dépositaire du pouvoir réglementaire, le chef du gouvernement ait encore à se faire l'organe du pouvoir régulateur. Le législateur se sent parfois impuissant à suivre le mouvement des affaires, et il est amené à commettre au pouvoir exécutif le soin de pourvoir à des besoins d'urgence. On en a un exemple en matière de finances, et particulièrement de douanes. Les lois des 29 floréal an X et 17 décembre 1814 donnent au gouvernement l'autorisation générale d'abaisser ou d'élever provisoirement les taxes de douanes, de prohiber l'entrée des marchandises étrangères, ou d'augmenter les droits à leur importation; elles l'investissent ainsi de la mission de régler l'impôt, dont l'établissement est de l'office exclusif du législateur; et le droit qu'elles lui confèrent va jusqu'à modifier la loi elle-même. Ce n'est plus là le pouvoir réglementaire proprement dit, c'est une délégation de la puissance législative elle-même. La Constitution n'a point à prévoir les attributions que le chef du gouvernement peut devoir à des actes de ce genre. Ces actes ne relèvent que du législateur qui, dans son omnipotence, est bien le maître de se donner un représentant, un *alter ego*[1].

Pour les actes dont l'objet est l'exercice des droits attribués à l'autorité administrative au regard des faits ou des citoyens considérés isolément, et qui empruntent à cet objet leur caractère distinctif, celui de mesures individuelles ou spéciales, on n'a pas la ressource de les rattacher à un principe commun, pour ne les considérer que dans leur ensemble : il faut se résigner à en faire l'énumération.

[1] « Quand le pouvoir législatif, écrit M. Hello, commet au pouvoir exé-« cutif le soin de pourvoir à certains besoins qui lui échappent, il se donne « un représentant, un *alter ego*. Le juge doit donc se conduire envers l'or-« donnance comme s'il était en présence de la loi même. » (Voy. *Du régime constitutionnel*, t. II, p. 147.)

Dans l'organisation que l'administration tient de la législation actuellement en vigueur, il y a notamment lieu à une intervention personnelle du chef suprême pour les nominations et révocations de fonctionnaires, pour l'octroi des récompenses et encouragements, des dispenses pour le mariage, et des autorisations de résider en France[1].

C'est aussi du chef suprême que doivent émaner les actes qui ont pour objet :

D'autoriser la création d'églises, de succursales, de chapelles, d'oratoires et de tous autres établissements consacrés au culte ;

D'autoriser l'acceptation des dons ou legs faits à des établissements religieux, à des départements, communes, hôpitaux, hospices, et à tous autres établissements publics, tenus de se pourvoir d'une autorisation ;

D'autoriser les acquisitions, aliénations, concessions, échanges, baux à long terme, les emprunts, les emplois de capitaux et les transactions pour les mêmes établissements ;

D'autoriser l'établissement de ponts suspendus et de passerelles ;

D'arrêter ou rectifier les alignements des routes royales ou départementales, d'arrêter les alignements, plans généraux des villes ou communes, les alignements partiels, ouvertures, élargissements, prolongements de rues ou autres voies communales ;

De créer ou de supprimer des caisses d'épargne ou de modifier leurs statuts ;

De créer ou de supprimer des foires et d'en changer les époques ;

[1] Le roi statue sur ces divers objets par des ordonnances rendues sur le rapport du ministre, sans concours du Conseil d'État.

D'autoriser l'établissement ou de régler l'usage d'usines sur des cours d'eau ;

D'autoriser des lavoirs à cheval ou à bras ;

De liquider les pensions de retraite des fonctionnaires des services civils, sur les fonds de l'État ou sur fonds de retenue, et les pensions de réforme et pensions de retraite des militaires des armées de terre et de mer [1].

Je dois mentionner, en troisième lieu, les ordonnances,

Pour l'autorisation de travaux qui, sans être assez importants pour n'être décrétés que par le législateur, doivent cependant donner lieu à l'expropriation pour cause d'utilité publique [2] ;

Pour les concessions de relais de la mer, d'endiguement et d'atterrissement des fleuves formant propriété domaniale [3] ;

Pour l'autorisation de congrégations religieuses de femmes, dans les termes de la loi du 24 mai 1825 ;

Pour la création des établissements d'utilité publique [4] ;

Pour la vérification des actes de la cour de Rome [5] ;

Pour les naturalisations anticipées et les changements de nom [6] ;

[1] J'emprunte ce tableau à une ordonnance du 1er janvier 1847, dont l'objet est de régler la participation du Conseil d'État aux actes de l'autorité royale. Pour les actes qui s'y trouvent compris, les projets ne doivent être soumis qu'au comité attaché au ministère, et non à l'assemblée générale du Conseil d'État, hormis deux cas, celui où l'instruction signale une opposition, et celui où la mesure doit emporter expropriation forcée pour cause d'utilité publique.

[2] Voyez L. du 3 mai 1841, art. 3.

[3] Voyez L. du 16 septembre 1807, art. 41.

[4] Voyez ordonnance du 31 octobre 1821 ; L. du 16 pluviôse et décrets des 24 messidor et 11 thermidor an XII ; avis du Conseil d'État du 21 décembre 1808 ; arrêté du 7 germinal an IX et avis du 17 janvier 1806.

[5] Voyez L. des 18 germinal an X, 2 janvier 1817 et 24 mai 1825 ; décret du 30 décembre 1809, et ordonnances des 2 avril 1817 et 14 janvier 1831.

[6] Voyez L. du 11 germinal an XI et sénatus-consulte du 19 février 1808.

Pour l'homologation des statuts des sociétés anonymes[1];

Pour l'autorisation des abattoirs et des ateliers dangereux[2];

Pour la concession des mines ou pour la concession des marais à dessécher[3];

Pour échange de biens du domaine de l'État[4];

Pour l'établissement de péages affectés aux dépenses de construction ou d'entretien d'ouvrages d'utilité publique[5];

Pour l'établissement des octrois[6].

Enfin, je fais une quatrième et dernière catégorie, des ordonnances à l'effet de statuer sur les réclamations que l'action administrative fait naître[7];

Des ordonnances en cas de conflit d'attributions entre les autorités administrative et judiciaire[8];

Des ordonnances provoquées par les appels comme d'abus[9];

Des ordonnances sur la validité des prises maritimes[10];

[1] Voyez Code de commerce, art. 37, et avis du Conseil d'État des 1er avril et 15 octobre 1809.

[2] Voyez décret du 15 octobre 1810 et ordonnances des 14 janvier et 15 avril 1838.

[3] Voyez L. des 21 avril 1810, 16 septembre 1807 et 28 octobre 1791, et arrêté du 19 ventôse an VI.

[4] Voyez ordonnances des 23 septembre 1825 et 12 décembre 1827.

[5] Voyez L. du 14 floréal an X, art. 11.

[6] Voyez ordonnance du 9 décembre 1814, art. 7, et L. du 11 juin 1842, art. 8.—Les projets d'ordonnance pour tous les objets que je viens de dire doivent être soumis à l'assemblée générale du Conseil d'État.

[7] Voyez L. du 22 frimaire an VIII, art. 52; arrêté du 5 nivôse an VIII, art. 11.

[8] Voyez *suprà*.

[9] Voyez L. du 18 germinal an X, art. 8.

[10] Voyez L. du 26 ventôse an VIII; arrêté du 6 germinal an VIII, et ordonnance du 23 août 1815.

Des ordonnances, dans les prévisions de l'art. 75 de la Constitution du 22 frimaire an VIII, sur les demandes d'autorisation de poursuivre les agents du gouvernement pour faits relatifs à leurs fonctions[1].

Il est aisé de saisir, dans les termes de cette énumération, l'esprit de centralisation qui domine nos institutions.

On a concentré dans les mains du chef de l'État le pouvoir de diriger non-seulement les intérêts communs à toute la nation, mais même les intérêts particuliers au département, à la commune et au moindre établissement d'utilité publique.

Ce système donne au gouvernement une force immense; *il habitue les hommes à faire abstraction complète et continuelle de leur volonté; à obéir, non pas une fois et sur un point, mais en tout et tous les jours. Non-seulement il les dompte par la force, mais encore il les prend par leurs habitudes; il les isole et les saisit ensuite un à un dans la masse commune*[2]; il convient admirablement à l'homme que sa destinée appelle à organiser une société ou à arracher un peuple au désordre et à l'anarchie, et qui a, dans son génie et dans son activité, assez de ressources pour tout décider et faire par lui-même. Cette destinée et cette puissance étaient celles de Bonaparte; il créa donc la centralisation; il en fit un instrument à son usage, et elle aida aux merveilles du Consulat et aux grandeurs de l'Empire.

A la Restauration, la France reçut une Constitution qui

[1] Les ordonnances comprises dans cette catégorie ne sont pas seulement délibérées en Conseil d'État, elles sont, en outre, soumises à des règles spéciales.

[2] Voyez *De la démocratie en Amérique*, par M. de Tocqueville, t. I, p. 188.

donnait pour base à l'exercice du pouvoir exécutif le principe de la responsabilité ministérielle et le principe de la participation des citoyens à la gestion des affaires publiques.

Pour approprier l'organisation administrative aux exigences de ce double principe, il était rationnel 1° de restreindre le cercle de l'action personnelle et directe du chef de l'État; 2° d'attribuer aux représentants électifs des citoyens dans les localités, le règlement des intérêts locaux.

Ce n'est pas ce qu'on a fait; on avait dans la centralisation un puissant moyen d'influence et de domination, et on a voulu le garder à tout prix.

Le pouvoir de disposer de tous les intérêts communs et particuliers, grands et petits, est resté concentré au siége du gouvernement. Et à l'égard de l'élément représentatif, quand on a désespéré de pouvoir l'écarter de haute lutte, on a fait en sorte de le paralyser. Les corps consultatifs ont été multipliés à l'infini, et, comme pour dédommager les citoyens de ce qu'on ne les admettait pas à participer à la *décision*, on s'est étudié à surcharger l'*instruction* d'informations et d'avis.

C'est là qu'est le secret des maux dont l'excès appelait, dans ces derniers temps, le remède le plus prompt.

Chaque gouvernement, et ici j'entends par ce mot le *ministère*, a été entraîné par cette loi de l'humanité qui fait, pour chacun, de sa conservation le premier des besoins, à chercher dans les pouvoirs administratifs un moyen de dominer les convictions par les intérêts; et de là, l'*asservissement de l'administration à la politique*[1].

[1] Le danger pour l'administration de se voir envahir par la politique, a

La nécessité de remonter jusqu'au chef de l'État, l'institution à chaque degré de la hiérarchie, de garanties secondaires, ont enserré l'administration dans une procédure encombrée d'écritures et de détails ; et de là, dans l'expédition des affaires, des embarras et des lenteurs qui menaient à la faiblesse et à l'inertie.

Avec des institutions démocratiques, ces abus, déjà si graves, prendraient encore plus de gravité. Ils seraient

été signalé par M. Vivien avec cette sûreté de coup d'œil qui distingue l'homme d'État. On me saura gré de citer ce passage : « La politique, au nom « même des grands intérêts confiés à ses soins, se fait aisément illusion sur « son droit; elle n'admet ni refus, ni résistance ; elle a peine à comprendre « que, placée sous son autorité, l'administration ne soit pas entièrement « à sa discrétion. L'administration dispose de ressources si nombreuses, « elle est la dispensatrice de faveurs si enviées ! Comment se priver de « ces moyens de gouvernement ? On invoque le salut de l'Etat, cette ex- « cuse de tant de fautes, et trop souvent les ambitions privées conspirent « avec la politique pour en encourager les exigences.

« L'asservissement absolu, illimité de l'administration à la politique, est « un des écueils du gouvernement parlementaire. S'il n'est point arrêté à « temps, cet asservissement s'étend chaque jour davantage. Le pouvoir po- « litique est confié à des mains humaines, et par conséquent sujettes à fail- « lir. Il est si aisé de se persuader, de très-bonne foi, qu'en consolidant le « pouvoir entre ses mains on sert l'Etat ; que le but justifie les moyens ; « qu'on ne saurait commettre une faute en usant d'un pouvoir dont, après « tout, on est le maître. La conscience est si ingénieuse à trouver les argu- « ments qui apaisent des scrupules importuns !

« Dans cette confusion des deux pouvoirs, l'un et l'autre sont altérés et « dégradés. La politique abdique sa dignité, elle ne fait plus appel aux sen- « timents honnêtes ! Réduite à n'entendre que des conseils intéressés, à « n'employer que des instruments pervertis, elle marche au hasard et sans « guide, n'entend plus la voix de l'opinion, et court risque d'en méconnaî- « tre les vœux les plus impérieux. A son tour, l'administration est détour- « née de ses voies régulières ; et, placée dans une sorte de forfaiture devant « les citoyens, elle n'est plus que l'esclave d'un parti, et voit s'éloigner la « confiance et l'estime des honnêtes gens. » (Voyez *Études administratives*, p. 16.)

d'autant plus funestes, en effet, que l'esprit de ces sortes d'institutions est précisément d'affranchir la volonté nationale, d'en faire la règle suprême de la société, *de prendre chaque citoyen comme le meilleur et le seul juge de son intérêt particulier*[1], et de ne faire sortir le mouvement et la force que de la liberté. Il faut donc les faire disparaître et en prévenir à jamais le retour ; et le moyen, c'est d'enlever à la centralisation ce qu'elle a d'excessif.

« Il existe deux espèces de centralisation très-distinctes, « et qu'il importe de bien connaître.

« Certains intérêts sont communs à toutes les parties de « la nation, tels que la formation des lois générales et les « rapports du peuple avec les étrangers.

« D'autres intérêts sont spéciaux à certaines parties de « la nation, tels, par exemple, que les entreprises com« munales.

« Concentrer dans un même lieu ou dans une même « main le pouvoir de diriger les premiers, c'est fonder ce « que j'appellerai la centralisation gouvernementale.

« Concentrer de la même manière le pouvoir de diri« ger les seconds, c'est fonder ce que je nommerai la cen« tralisation administrative.

« Il est des points sur lesquels ces deux espèces de cen« tralisation viennent à se confondre. Mais en prenant « dans leur ensemble les objets qui tombent plus parti« culièrement dans le domaine de chacune d'elles, on par« vient aisément à les distinguer. . . . .

« . . . .

« Ces deux espèces de centralisation se prêtent un mutuel « secours, s'attirent l'une l'autre; mais je ne saurais croire

[1] Voyez *De la démocratie aux Etats-Unis*, t. 1, p. 101.

« qu'elles soient inséparables. . . . .

« Pour ma part, je ne saurais concevoir qu'une nation « puisse vivre ni surtout prospérer sans une forte centralisation gouvernementale.

« Mais je pense que la centralisation administrative n'est « propre qu'à énerver les peuples qui s'y soumettent, parce « qu'elle tend sans cesse à diminuer parmi eux l'esprit « de cité. La centralisation parvient, il est vrai, à réunir à « une époque donnée, et dans un certain lieu, toutes les « forces disponibles de la nation, mais elle nuit à la repro- « duction des forces. Elle la fait triompher le jour du com- « bat, et diminue à la longue sa puissance. Elle peut donc « concourir admirablement à la grandeur passagère d'un « homme, non point à la prospérité durable d'un peuple[1]. »

Cette distinction entre la centralisation gouvernementale et la centralisation administrative me semble devoir faire la base de l'organisation à venir.

Que notre pensée soit de conserver la centralisation gouvernementale, on n'en saurait douter. L'institution d'un Conseil de gouvernement telle que nous l'avons proposée, aurait précisément pour but de la porter au plus haut degré!

Quant à la centralisation administrative, nous ne nous dissimulons pas qu'il n'y a point à songer à la sacrifier, dans l'état de nos mœurs et en face des habitudes et des besoins que comporte une civilisation aussi avancée que la nôtre. Mais notre conviction est que le législateur doit tendre de ses plus grands efforts, à la tempérer.

J'essayerai bientôt d'indiquer quelles sont les modifications à apporter à cet effet, aux attributions des autorités départementales et communales. Mais je dois dire, dès à pré-

[1] Voy. *De la démocratie aux États-Unis*, par M. de Tocqueville, t. I, p. 138.

sent, que le pouvoir central ne doit être admis à intervenir dans l'administration locale que pour concilier l'intérêt et l'ordre particulier avec les exigences de l'intérêt et de l'ordre général, ou pour prêter aux autorités les plus rapprochées des citoyens le secours dont elles peuvent avoir besoin pour triompher de la résistance des intérêts individuels, et, particulièrement, de la propriété privée.

Ces principes ne donnent d'ailleurs que des conséquences d'une application éminemment simple.

Il en résulte qu'il faut rejeter en dehors des attributions réservées au pouvoir central le règlement des intérêts particuliers aux communes, départements et établissements publics, et, par exemple, ce qui a trait aux acquisitions, aliénations, échanges, transactions, baux, emplois de capitaux, emprunts, travaux, et la décision des questions qui ne touchent qu'à la police locale, et, par exemple, les questions d'alignement dans les villes ou communes, de création ou de suppression de caisses d'épargne, d'établissement d'usines sur les cours d'eau non navigables ni flottables, et de fabriques et d'ateliers incommodes ou insalubres.

Il en résulte qu'à l'égard de celles d'entre ces questions dont la solution, en raison de leur importance, est de nature à influer sur les intérêts généraux, la surveillance et l'action prédominante du pouvoir central ne doit s'exercer que par voie de contrôle.

Il en résulte que l'accès doit être ouvert jusqu'à ce pouvoir pour toute mesure rencontrant une opposition devant laquelle l'autorité locale est exposée à manquer d'indépendance ou de force, ainsi qu'il n'arrive que trop souvent pour les usines hydrauliques et les ateliers dangereux ou incommodes.

Le principe qui veut que l'action ne soit confiée qu'à

une autorité unique, mais que cette autorité soit assistée d'un Conseil, principe dont l'inauguration par le gouvernement consulaire a suffi pour donner le mouvement et la vie au système administratif organisé par l'Assemblée constituante [1], ce principe, disons-nous, n'a rien qui ne se concilie parfaitement avec les modifications que nous semble comporter l'organisation administrative.

L'utilité, la nécessité de placer près du chef de l'État un corps consultatif pour lui assurer dans la sphère de l'administration l'assistance que nous avons cru devoir lui ménager dans la sphère du gouvernement, ne sera contestée par personne. Je n'ai pas, à ce point de vue, à lutter pour la conservation du Conseil d'État ; le Conseil d'Etat, en tant que *Conseil d'administration*, est la clef de voûte de tout notre édifice administratif [2].

[1] « En organisant le nouveau système administratif, écrit M. Vivien, « l'Assemblée constituante avait, à tous les degrés de la hiérarchie, confié « le pouvoir à des autorités collectives. Les événements ne se chargèrent « que trop tôt de démontrer de quelle langueur ce régime frappait la puis- « sance publique, et quelle atteinte il lui portait. L'autorité locale se trouva « sans vigueur, le pouvoir central sans influence, les intérêts privés sans « garanties, et la nouvelle administration, si bien réglée dans son ordon- « nance théorique, si savante dans ses combinaisons, échappa au gouver- « nement quand il en invoqua le secours.

« Lorsque le gouvernement consulaire voulut rétablir l'ordre et fonder « une administration capable de se soutenir et de se défendre, il se con- « tenta d'introduire le principe de l'unité d'action dans l'œuvre de l'As- « semblée constituante. Tout le système administratif fut modifié par cette « seule disposition ; les corps délibérants réservés pour le Conseil, devinrent « étrangers à l'action. Avec ce simple changement, le gouvernement impé- « rial lui-même conserva la législation de 1790 et 1791 ; mais aussi ce chan- « gement donnait, à lui seul, à l'administration une virilité dont l'Assemblée « constituante l'avait privée. » (Voy. *Études administratives*, p. 32.)

[2] Son organisation et ses attributions, en *tant que tribunal* appelé à connaître du contentieux administratif, doivent, au contraire, faire l'objet d'une sérieuse discussion. Nous en traiterons dans le paragraphe suivant.

Nous verrons, en suivant l'action administrative dans les mains des ministres, qu'il est indispensable d'attacher à chacun d'eux, à titre de Conseil particulier, une subdivision du Conseil d'Etat et que, partant, la fixation du nombre des membres de ce Conseil est subordonnée aux exigences des services distribués dans les divers départements ministériels.

Quant à la composition du Conseil d'Etat, je déclare nettement que je ne crois pas qu'il soit possible de refuser au chef du gouvernement le droit d'en choisir et nommer les membres [1]. Cette opinion a sa raison dans le double principe de la liberté et de la responsabilité dans l'action, qui est pour l'administration la condition de la force, et pour l'administré, la garantie de la prudence et de la justice de l'administrateur.

J'ai, d'ailleurs, hâte de faire remarquer que les attributions déjà données au Conseil de gouvernement ont fait perdre au Conseil d'Etat les questions de conflit; j'ajoute qu'on ne saurait non plus lui maintenir les attributions relatives à l'autorisation des congrégations religieuses, à la vérification des actes de la cour de Rome, au jugement des appels comme d'abus, au jugement de la validité des prises maritimes, à l'appréciation des demandes à l'effet d'être autorisé à poursuivre les fonctionnaires, dans les termes de l'art. 75 de la Constitution du 22 frimaire an VIII [2] : ce sont là des matières qui tiennent de trop près à la politique pour qu'on

[1] Il n'y a de précautions à prendre que pour guider le chef du gouvernement dans ses choix, et on ne doit, ce me semble, les faire sortir que d'un système de *présentation* sagement conçu.

[2] Je ne me dissimule pas, quant à cette dernière attribution, que le principe même sur lequel elle repose aura très-probablement à subir l'épreuve d'une vive discussion. (Voyez notre *Traité général de droit administratif appliqué*, t. IV, p. 1 et suiv.)

hésite à les réserver au Conseil de gouvernement. Enfin, j'espère démontrer bientôt que le règlement du contentieux administratif doit être placé sous la protection de formes toutes spéciales.

On n'aurait donc, désormais, à voir dans le Conseil d'Etat qu'une assemblée chargée d'éclairer et de seconder le dépositaire du pouvoir central dans la direction et la gestion des intérêts abandonnés à l'administrateur, et dont l'institution ne tendrait qu'à *concilier, dans la sphère administrative, la maturité de l'examen avec la vigueur de l'action* [1].

Je n'oublie pas que, dans cette sphère, se meut le pouvoir réglementaire, et que ce pouvoir est comme un démembrement de la puissance législative elle-même. Mais son exercice emprunte des garanties toutes spéciales à la nature de ce pouvoir. Il ne lui est donné de se manifester que par des mesures générales; il est dégagé des préoccupations de personnes et de faits particuliers; l'autorité judiciaire est, ainsi que nous le dirons, juge de la *légalité* de l'usage qui en est fait; et d'un autre côté, le législateur est toujours maître de le soumettre aux conditions de forme que peut réclamer chaque objet livré à son empire [2].

En donnant le dénombrement des actes du ressort du chef suprême, j'ai pris soin de les répartir en plusieurs ca-

[1] Voyez M. Vivien, *Études administratives*, p. 34.

[2] Le Conseil d'État est appelé par la législation à donner son avis sur toute ordonnance portant règlement d'administration publique. (Voyez Constitution du 22 frimaire an VIII, art. 52; arrêté des consuls du 5 nivôse an VIII, art. 8 et 9, et L. 19 juillet 1845, art. 12.) Dans certaines matières spéciales, la loi exige, en outre, l'avis soit du Conseil des manufactures, soit du Conseil supérieur de santé, soit du Conseil royal de l'instruction publique. Et à l'avenir, le législateur aurait encore la ressource d'adjoindre ou de substituer, au besoin, le Conseil de gouvernement au Conseil d'État.

tégories, afin de marquer pour chacun d'eux la mesure du concours demandé au Conseil d'État. Je ne rentrerai pas dans ce détail. Qu'il me suffise de dire que le principe de la participation du Conseil d'Etat à l'administration doit être étendu plutôt que restreint; et qu'il faut, notamment, imposer l'obligation de le consulter pour toutes les mesures impliquant un contrôle à l'égard des administrations locales, ou une appréciation à l'égard d'oppositions suscitées par les intérêts individuels.

Je passe aux ministres.

Dans les monarchies constitutionnelles, les ministres sont, tout à la fois, les instruments nécessaires du prince et les agents supérieurs de l'administration.

Instruments nécessaires de l'autorité suprême, les ministres sont interposés entre le souverain et le pays, pour concilier l'inviolabilité de la personne du prince et l'indépendance de son pouvoir avec le respect dû à l'autorité des lois et à la volonté de la nation.

Agents supérieurs de l'administration, les ministres sont eux-mêmes investis d'une portion de la puissance exécutive. Chaque ministre est, pour les objets qui composent son département, le délégué immédiat du prince, et pourvoit au service par l'intermédiaire d'agents subordonnés entre eux et dont il reste le chef.

Dans une Constitution démocratique, les ministres ne sauraient obtenir, entre le chef de l'État et les représentants du pays, la place que leur assignait la Charte; la source, le peu de durée, et les restrictions imposées à l'exercice du pouvoir suprême dans une république, ne laissent que bien peu d'importance au rôle politique que les ministres peuvent être appelés à remplir. C'est dans leurs fonctions à la tête des affaires, que se doit concentrer leur activité; c'est à leur titre d'agents supérieurs de l'administration que se doit mesurer la grandeur de leur mission.

La loi des 27 avril et 25 mai 1791, en fixant à six le nombre des départements ministériels et circonscrivant le domaine de chacun d'eux, avait retenu pour le pouvoir législatif le droit d'opérer la division de l'administration publique entre les divers ministres; mais la puissance exécutive a repris ce droit[1], et je crois qu'elle doit le garder. Il est évidemment du ressort du dépositaire de cette puissance de répartir les affaires entre ses mandataires; il n'y a de garanties à chercher à cet égard que dans l'organisation du pouvoir exécutif lui-même, et dans la réserve pour le législateur du droit d'autoriser ses dépenses. Il faut dire que les actes statuant sur le nombre, la division et la démarcation des ministères seront arrêtés en Conseil de gouvernement, et rappeler que l'exécution ne sera possible que du moment que l'Assemblée législative aura alloué les fonds nécessaires.

Les départements ministériels sont au nombre de neuf: l'intérieur, les affaires étrangères, la justice et les cultes, les finances, la guerre, la marine et les colonies, le commerce et l'agriculture, les travaux publics, l'instruction publique.

Or, avec un tel nombre de ministères, il n'y a pas de centralisation possible. La direction et le mouvement partent de trop de points pour qu'on puisse obtenir l'unité, qui est la condition de la vigueur dans l'action ; la répartition des affaires entre ces ministères n'est d'ailleurs rien moins que rationnelle. C'est à la diversité des opérations que comportent les services publics et non à la diversité des intérêts

[1] Voy. notamment les ordonnances des 25 janvier, 17 mars, 17 mai 1831, et 22 octobre 1832.

auxquels doivent répondre ces services, qu'elle emprunte sa base. Il en résulte que chaque ministre se trouve fatalement empêché dans la réalisation de toute idée d'amélioration et de progrès, par l'impossibilité de prendre aucune mesure d'ensemble [1].

Un si fâcheux état de choses ne survivra pas sans doute aux institutions qui l'ont amené. Désormais, la création

[1] Ce vice vient d'être signalé pour le ministère du commerce et de l'agriculture en particulier, dans ce passage de l'exposé de M. Bethmont à l'Assemblée nationale. Après avoir déclaré que le chiffre des allocations de son budget est trop faible, le ministre ajoute :

« Là n'est pas le plus grand mal. Le mal est surtout dans le titre quasi« mensonger donné au département ministériel dont je m'occupe. Ce titre « trompe le peuple. Il semble créer au ministre des devoirs que celui-ci ne « saurait remplir, puisque l'initiative des mesures indispensables lui est, « dans la plupart des cas, absolument déniée.

« Ainsi, le ministre de l'agriculture peut bien faire distribuer plus ou « moins utilement des primes ou des médailles ; il peut souscrire à des re« cueils ou à des ouvrages agricoles et les distribuer ; il lui est loisible « d'améliorer, dans une mesure toutefois fort restreinte, les races d'ani« maux domestiques ; il exerce le droit de donner l'instruction à ses divers « degrés ; enfin, le commerce et la libre circulation des subsistances sont « dans ses attributions.

« Mais la viabilité et la police rurales, les landes et les marais commu« naux, les seuls sur lesquels le gouvernement ait une action ; le régime « des étangs, la défense et la conquête des terrains voisins des torrents et « rivières, l'irrigation, même la plus modeste ; la police des petits cours « d'eau, les syndicats qui s'y rapportent, l'assainissement des terres, tous « ces objets, les plus importants pour le progrès agricole, échappent à l'ad« ministration de l'agriculture. La plupart relèvent du ministère des tra« vaux publics, et d'autres du ministère de l'intérieur.

« Je pourrais parler des forêts, du reboisement et de la plantation des « terrains en pente, et même de la culture des tabacs ; ces objets d'une si « grande importance agricole, sont fiscalement rattachés au département des « finances ; mais je veux épargner les moments de l'Assemblée. Je m'abstien« drai donc également de parler des douanes, dont le ministère du com« merce n'a que la partie spéculative, au grand préjudice des vrais principes « de la protection, dont le développement se fait mal sous l'influence domi-

des ministères ne sera plus subordonnée aux exigences de la politique; on se hâtera d'en fixer le nombre et d'en régler les attributions en vue des besoins de l'administration, et non pas en vue d'assurer au gouvernement l'adhésion et l'appui de membres plus ou moins influents du Parlement.

Mais il restera ensuite à remanier l'organisation intérieure de chaque ministère, pour ramener l'ordre et la rapidité dans le travail.

Un publiciste, qui a été le premier à dénoncer les vices de notre organisation administrative et qui fait depuis longtemps, des améliorations qu'elle comporte, le sujet d'une discussion journalière, veut que l'on augmente le nombre des directions générales et que l'on institue ainsi deux degrés de responsabilité; que le ministre réponde des directeurs généraux qu'il aura choisis, et que les directeurs généraux répondent des actes de leurs bureaux [1]. J'adhère pleinement à cette idée,

« natrice d'une régie purement financière. Je n'aborderai pas davantage la « question des consulats.

« Ces institutions commerciales sont exclusivement administrées par le « ministère des affaires étrangères; aussi est-ce sous le couvert, et en quel« que sorte avec le bon plaisir de ce département, que le ministère du com« merce s'occupe, sans autorité aucune sur les consuls, de nos relations « commerciales dans les pays étrangers.

« Cette situation si incomplète est déplorable; elle est très-fâcheuse pour « le pays. Le ministère ne fait pas, parce qu'il ne peut pas, et les autres « départements agissent peu, parce que chez eux ce qui se rattache à l'a« griculture n'est que secondaire. »

[1] Tout le monde a nommé M. de Girardin. C'est à son journal que j'ai emprunté le passage reproduit plus haut, de l'exposé du ministre de l'agriculture et du commerce devant l'Assemblée nationale; il le fait suivre de ces lignes :

« Des réflexions qui précèdent et qui sont parfaitement justes, la conclu« sion qu'on en doit tirer, c'est que le département de l'agriculture et du « commerce, ne formant pas lui-même unité ministérielle, devrait être sup« primé; l'agriculture et le commerce, nous en sommes fermement con-

en déclarant toutefois, que la réforme ne sera efficace que du jour où l'incompatibilité du mandat législatif avec les fonctions de directeur vouera l'administrateur aux affaires de l'administration.

Et j'ajoute qu'il importe aussi de concentrer, pour lui donner plus d'activité et de force, la *délibération*, qui joue chez nous un si grand rôle dans l'instruction des affaires administratives.

Indépendamment du Comité du Conseil d'Etat, placé près de chaque ministère, on a attaché aux principales branches de l'administration des Corps consultatifs spéciaux, dont l'intervention est de règle pour toutes les affaires qui relèvent de leur spécialité. Je mentionnerai, par exemple, le Conseil général des mines, le Conseil général des ponts et chaussées, le Conseil des manufactures, le Conseil su-

« vaincu, n'auraient qu'à y gagner. Morceler, n'est pas la même chose que « diviser. Dans l'atelier gouvernemental, le travail est morcelé, il n'est pas « divisé : c'est précisément le contraire qui devrait avoir lieu ; il devrait « être divisé et non morcelé. Pour cela, qu'y aurait-il à faire ? Il y a plus de « dix ans que nous l'avons indiqué dans un mémoire (*), dont voici le ré- « sumé :

« Réduire à trois le nombre des départements ministériels : 1° présidence « du conseil ; 2° ministère des finances publiques ou des rentes ; 3° minis- « tère des services publics ou des dépenses ;

« Augmenter le nombre des directions générales ;

« Instituer deux degrés de responsabilité ; le ministre répond des direc- « teurs généraux qu'il a choisis ; les directeurs généraux répondent des actes « de leurs bureaux.

« Hors de ces trois réformes capitales, mûrement méditées et dont l'idée « a été puisée dans des études administratives pratiques, on ne fera jamais « qu'organiser l'impuissance, l'incohérence et la dilapidation. Plus on cen- « tralisera le travail administratif, si on ne sait pas le diviser, et plus on « s'affaiblira, en croyant se fortifier. Si nos idées avaient été adoptées, la « France n'en serait pas aujourd'hui où elle en est. »

(*) Voyez *la Presse* du 12 mars 1848.

périeur de santé, et même le Conseil royal de l'instruction publique. C'est toujours ce système de morcellement que nous venons de condamner !

Pourquoi donc ne pas chercher à obtenir dans la composition du Conseil d'Etat assez de garanties, de lumières et de capacité pour être dispensé de recourir à tant d'auxiliaires? Pourquoi n'y pas rassembler les sommités de chaque science, dont le concours peut être utile? Pourquoi ne pas chercher, par le rapprochement des hommes les plus considérables par les connaissances et l'expérience que peuvent réclamer les divers services publics, à faire du Conseil d'Etat une assemblée vraiment digne d'assister le chef de l'Etat dans l'impulsion et la direction qu'attend de lui l'administration d'un pays aussi étendu, aussi peuplé et aussi avancé en civilisation que la France?

L'Assemblée constituante a pris pour base de la division du territoire un double principe, le principe de l'unité du pays et le principe de l'égalité administrative et politique de toutes ses parties. Elle ne vit dans les départements, ainsi qu'elle le déclara par l'instruction du 12 janvier 1790, « que des sections du même tout qu'une administra- « tion uniforme devait embrasser dans un régime commun. » Elle craignit de faire revivre l'esprit exclusif des anciennes provinces, en assimilant les départements aux communes. « Aussi, dans sa pensée, le département ne dut-il être qu'une « simple division territoriale, créée pour l'utilité de l'admi- « nistration; mais sans pouvoir posséder aucun des attri- « buts qui constituent la condition de la personne ci- « vile... » [1].

[1] Voyez M. Dumesnil, *De l'organisation et des attributions des Conseils généraux*, t. I, p. 288.

Cependant, l'Empereur conçut, en 1811, l'idée de rejeter sur les départements une portion des dépenses publiques, pour dégrever d'autant le budget de l'Etat.

« Dans ce but, il imposa d'abord, par le décret du 25 « mars 1811, soit au département, soit à la ville chef-lieu « de préfecture, soit concurremment à l'un et à l'autre, « l'obligation d'acheter et d'entretenir le mobilier légal de « la préfecture.

« Cette obligation impliquait nécessairement, au profit « du département, la reconnaissance du droit de propriété « de tout ou partie de ce mobilier.

« Par un autre décret du 9 avril 1811, Napoléon concéda « gratuitement aux départements la propriété des édifices « destinés à l'administration, aux Cours, tribunaux, et à « l'instruction publique, à la charge de les entretenir et « d'en payer les contributions avec les fonds spéciaux du « département[1]. »

Bientôt, un autre décret du 16 décembre de la même année mit à la charge des départements, sous le nom de routes départementales, les routes impériales de troisième classe, et autorisa les Conseils généraux à en créer de nouvelles[2].

De ce moment, les départements ont été admis dans l'Etat à titre de personnes civiles, et il est vrai de dire « qu'on doit à cette mesure la fondation d'une foule d'éta- « blissements utiles, et la construction de plus de dix mille « lieues de routes nouvelles exécutées entièrement avec les

[1] Voyez M. Dumesnil, *De l'organisation et des attributions des Conseils généraux*, t. I, p. 88.

[2] Un décret du 23 avril 1810 avait déjà, dans le même but, fait donation aux villes des casernes et autres bâtiments militaires, à la charge de les entretenir, moyennant une dépense fixée d'avance par le décret même.

« seules ressources des départements, et que l'Etat n'aurait « certainement jamais faites, dans le même espace de temps, « avec les fonds généraux du budget[1] ».

Mais il importe de ne pas se méprendre sur la portée de cette modification, ainsi apportée à la condition du département. Son objet n'a point été de donner une vie propre au département, et d'aller ainsi à l'encontre de la pensée qui a présidé à la division du territoire. L'Empereur ne s'est proposé dans la création de la spécialité départementale, que de venir en aide aux services publics par un meilleur mode de répartition des dépenses. Il est parti de cette idée que les citoyens contribuent d'autant plus volontiers qu'ils sont plus directement et immédiatement frappés de l'utilité qu'ils doivent retirer de l'emploi des fonds; il a cherché à distinguer les besoins sociaux auxquels il peut être donné satisfaction au moyen de mesures locales, et il les a mis à la charge des circonscriptions départementales. La personnalité du département n'a donc pas sa raison dans une communauté de droits et d'intérêts particuliers; on n'en a pas fait, comme de la commune, une individualité fondée sur une association. On n'a songé à le mettre en action qu'à l'effet de faciliter l'accomplissement de la mission qui incombe à l'Etat de pourvoir à tous les besoins sociaux; et le but de l'institution est dès lors, resté celui que lui a assigné l'Assemblée constituante. On ne doit encore, aujourd'hui, voir dans le département qu'*une circonscription créée pour l'utilité de l'administration.*

Nous n'en conclurons pas qu'il faut résister aux conséquences de l'admission du département au nombre des per-

[1] Voyez M. Dumesnil, *De l'organisation et des attributions des Conseils généraux*, t. I, p. 290.

sonnes civiles, au point de vue de la part à faire, dans l'administration départementale, aux représentants des citoyens compris dans son territoire; ce serait méconnaître les plus précieux avantages du système établi par le décret du 9 avril 1811.

« Aujourd'hui, une expérience de plus de trente années « permet de mieux apprécier la portée de cet acte législatif. « Or, l'on ne saurait disconvenir que la création de la pro- « priété départementale n'ait eu pour les départements en « particulier, et pour la France entière, les conséquences les « plus importantes.

« En effet, en devenant propriétaires, les départements « prirent une place parmi les personnes civiles; peu à peu, « l'obligation de pourvoir convenablement aux services dé- « partementaux, la nécessité d'entretenir, de conserver, « d'administrer le domaine départemental, firent étendre « chaque année davantage la distinction établie entre les « dépenses générales et les dépenses départementales. Un « budget et des comptes, rédigés dans des formes analogues « à celles adoptées pour le budget de l'État, furent soumis « par les préfets aux délibérations des Conseils généraux; « le budget facultatif constitua pour chaque département « des ressources propres, et ces ressources, employées avec « sagesse et discernement, servirent soit à ouvrir des com- « munications nouvelles ou à réparer celles précédemment « établies, soit à fonder des établissements d'utilité générale.

« Il est donc certain que la création de la propriété dé- « partementale, et par suite l'admission du département au « nombre des personnes civiles, ont exercé sur l'avenir du « pays la plus heureuse influence[1]. »

Mais pour demeurer fidèle à la pensée du système et as-

[1] Voyez M. Dumesnil, t. I, p. 303.

surer pour l'avenir les résultats qu'il a déjà donnés dans le passé, nous ferons du principe que le département n'est qu'un *centre d'administration*, le principe fondamental de son organisation [1].

A la différence de ce qui a lieu pour la commune, le dépositaire de l'autorité dans le département est, avant tout, un délégué du chef du pouvoir exécutif; il est juste qu'on lui réserve le droit de le choisir.

L'institution des Conseils généraux offre, d'ailleurs, un moyen de concilier cette exigence de la centralisation avec la liberté à laisser au département envisagé comme personne, et d'obtenir ainsi, de son intervention dans les services publics, le plus énergique appui [2].

Que la direction et la décision n'émanent que du Conseil général pour toutes les mesures d'intérêt départemental; que sa volonté soit dégagée des entraves de formalités prescrites à l'effet de la subordonner, en toutes circonstances, à une approbation du pouvoir central; que la perception et l'emploi des revenus se règlent entre le préfet et les représentants électifs du département; que l'objet des rapports à entretenir avec l'autorité supérieure soit de la mettre à

[1] Je ne renonce certainement pas à chercher, dans l'administration locale, un contre-poids à la centralisation; mais je ne suppose pas qu'il soit possible de l'obtenir de l'organisation du département. La circonscription des départements n'a point été tracée en vue de leur donner une existence à part. Pour en faire des individualités, il faudrait procéder à une nouvelle division du territoire. C'est le développement des institutions communales, ainsi que je le dirai bientôt, qui peut seul nous conduire à de réelles améliorations, et encore ne voudrais-je pas le pousser jusqu'au rétablissement des anciennes provinces.

[2] Le législateur a aussi, dans l'intervention des Conseils généraux, un moyen de *modérer* la marche de l'administration. La loi sur les chemins vicinaux et celle sur la police de la chasse, par exemple, donnent pour base à l'exercice du pouvoir réglementaire attribué au préfet, des appréciations à demander aux Conseils généraux à titre d'avis.

même de suivre l'administration locale pour l'éclairer et non pour la dominer dans sa marche, et on aura accordé tout ce qu'il est sage de demander pour l'indépendance du département.

En dehors de la gestion des intérêts propres au département, le préfet est à la fois l'agent du chef de l'État pour l'application à son département des mesures émanées de l'autorité centrale, et le dépositaire du pouvoir exécutif chargé de pourvoir aux nécessités de l'administration dans la localité.

Agent d'exécution, le préfet n'est pas seulement un organe de transmission, d'information et de surveillance; son mandat implique pour lui le droit de donner des ordres aux fonctionnaires de degré inférieur, et le pouvoir de se faire obéir.

Dépositaire du pouvoir exécutif, le préfet est le chef de l'administration dans le département; et à ce titre, son autorité ne comporte d'autres limites que celles qui circonscrivent l'autorité du chef de l'Etat lui-même. On a voulu que, si pressants et si imprévus que puissent être les besoins, l'autorité fût toujours présente et assez puissante pour leur porter une prompte et complète satisfaction.

Qu'on ne se hâte pas, toutefois, de s'élever contre une délégation de pouvoir si étendue.

Dans les matières réservées à l'autorité supérieure par la loi ou par les règlements et ordonnances, le préfet ne peut statuer que *pour cause d'urgence et à titre provisoire*. Or, le législateur et le dépositaire de la puissance exécutive ont pris grand soin de définir les attributions du préfet, et de ne lui abandonner que les mesures locales.

Le mal est même qu'il ne leur ait pas suffi de cette précaution, et qu'ils aient fait en sorte de maintenir le préfet, même pour les actes d'administration locale, dans une dépendance absolue vis-à-vis de l'autorité supérieure.

Les lois des 22 décembre 1789 et 20 août 1790 subordonnent l'exécution des arrêtés réglementaires du préfet à l'approbation du pouvoir central, pour les dispositions intéressant le régime de l'administration générale; et quant aux dispositions relatives aux objets particuliers concernant le département, elles les placent sous l'inspection et l'autorité du pouvoir central, et autorisent aussi le chef de l'Etat à intervenir, au cours de l'exécution des mesures, pour en exiger la modification ou les annuler.

Ce n'est cependant pas sous ce rapport que le principe de la centralisation nous paraît avoir été exagéré dans ses conséquences. Du moment que dans l'exercice du pouvoir réglementaire, le préfet n'a point à attendre une approbation pour donner satisfaction aux besoins locaux, on ne peut voir dans le droit de contrôle réservé au pouvoir central, qu'une garantie contre le défaut de lumières ou d'expérience du délégué du gouvernement dans le département.

Nous ne réclamons de réforme qu'en ce qui a trait aux mesures d'intérêt local que nous avons signalées comme mal à propos réservées au pouvoir central[1].

Mais la raison veut que, relativement à ces mesures, l'autorité administrative soit remise au préfet. Le chef de l'Etat est tout à la fois trop loin et trop haut pour descendre dans les questions d'intérêt local, elles échappent nécessairement à son appréciation personnelle, il est réduit à s'en rapporter à l'examen des agents placés à proximité des lieux et des faits; et les considérations dont on cherche à se prévaloir près de lui ne sont que trop souvent étrangères aux intérêts de l'ordre public. Il faut désormais une distinction réelle, une sé-

[1] Voy. *suprà*, p. 59.

paration marquée entre l'administration locale et l'administration générale ; il faut que le siége de la première soit au chef-lieu du département, et que les mesures du ressort de la seconde partent seules du centre de l'Etat.

L'institution des Conseils de préfecture offrira, d'ailleurs, un moyen simple d'élever l'administration départementale à la hauteur de sa mission. La position de ces Conseils sera près du préfet, celle du Conseil d'Etat près du chef de l'Etat. Les membres en seront pris parmi les élèves de l'Ecole d'administration dont la création a fait l'objet d'un des premiers actes du nouveau gouvernement. Leur avis sera le dernier mot de l'instruction dans toutes les affaires de nature à comporter un examen et une délibération approfondis. Ils seront constitués sous la direction d'un président, de manière à ne pas être exposés à tomber dans la dépendance des bureaux; ils auront pour intermédiaire le sécrétaire général de la préfecture.

Ce système, qui promet de rendre à l'action administrative une simplicité, une rapidité, une énergie et une indépendance qu'elle a depuis longtemps perdues, aura d'ailleurs son complément dans la suppression des sous-préfectures. Et ici, la réforme à introduire dans l'administration départementale se lie aux modifications que réclame l'administration communale.

J'avais hâte d'arriver à ce point.

La liberté communale est la source des vertus sociales; lorsque les citoyens sont appelés à participer au pouvoir par l'exercice des fonctions municipales, par l'élection des magistrats et par les délibérations sur les affaires communes, ils s'intéressent à la chose publique, qu'ils concourent à diriger, ils s'attachent à la constitution et s'animent de l'esprit public qui engendre le patriotisme.

C'est donc à développer et vivifier les institutions communales que le législateur doit tendre de tous ses efforts.

Nous ne nous arrêterons point ici devant la crainte d'exposer l'État à l'anarchie.

La commune est une association d'habitants unis par des intérêts qui leur sont particuliers. Elle n'a pas été créée pour la facilité de l'administration; élément primordial de la société, elle doit être, dans le règlement de ses droits et de ses devoirs, assimilée à l'individu, au citoyen ; son droit est de rester maîtresse de ses intérêts particuliers ; son devoir est de se soumettre à l'État pour tout ce qui a rapport aux intérêts généraux.

Dans l'organisation de la commune, la réunion de la qualité de représentant de la commune et de la qualité d'agent du pouvoir central en la personne du maire, la part ménagée au chef de l'État ou à son délégué dans la nomination des fonctionnaires municipaux, les droits de surveillance et de contrôle dont il est armé au regard de tous leurs actes, ne donnent pas seulement au gouvernement le moyen de prévenir ou de vaincre les obstacles que pourrait lui susciter la résistance des autorités municipales ; ils font, pour lui, de ces autorités de véritables auxiliaires, et le législateur peut, en toute sécurité, s'engager dans la voie des améliorations et chercher à donner à la vie communale l'activité et la force dont elle manque aujourd'hui.

Les publicistes en tombent d'accord, l'esprit communal, dans les pays où il se rencontre, a sa source dans l'indépendance et la puissance de la commune [1]. Serait-il impos-

[1] « En Amérique, non-seulement il existe des institutions communales, « mais encore un esprit communal qui les soutient et les vivifie.

« La Commune de la Nouvelle-Angleterre réunit deux avantages qui, « partout où ils se trouvent, excitent vivement l'intérêt des hommes, sa-

sible d'assurer à nos communes ce double avantage?

L'indépendance! Elle leur sera acquise le jour où elles cesseront d'être à la discrétion de l'autorité administrative pour vendre et acheter, attaquer et se défendre devant les tribunaux, charger leur budget ou le dégrever, pourvoir à leurs besoins et employer leurs revenus, le jour où le gouvernement leur délaissera la direction et la disposition des intérêts communaux.

La puissance! Elles la devront aux mesures dont l'effet sera, d'une part, d'étendre la sphère de leurs intérêts et, d'autre part, d'accroître leurs ressources et leurs droits.

La Commission de la Chambre des députés, chargée, en 1837, de l'examen du projet de loi sur l'administration municipale, avait conçu la pensée de rattacher les communes au chef-lieu du canton; et le rapporteur, M. Vivien, ne dissimulait point qu'il s'agissait d'une tentative, d'un essai pour arriver à fonder de grandes communes. « Il faisait

« voir : l'indépendance et la puissance. Elle agit, il est vrai, dans un cercle « dont elle ne peut sortir, mais ses mouvements y sont libres. Cette indé- « pendance seule lui donnerait déjà une importance réelle, quand sa popu- « lation et son étendue ne la lui assureraient pas.

« Il faut bien se persuader que les affections des hommes ne se portent, « en général, que là où il y a de la force. On ne voit pas l'amour de la pa- « trie régner longtemps dans un pays conquis. L'habitant de la Nouvelle- « Angleterre s'attache à la commune, non pas tant parce qu'il y est né, que « parce qu'il voit dans cette commune une corporation libre et forte dont « il fait partie, et qui mérite la peine qu'on cherche à la diriger.

« Il arrive souvent, en Europe, que les gouvernants eux-mêmes regrettent « l'absence de l'esprit communal, car tout le monde convient que l'esprit « communal est un grand élément d'ordre et de tranquillité publique; mais « ils ne savent comment le produire. En rendant la commune forte et in- « dépendante, ils craignent de partager la puissance sociale et d'exposer « l'état à l'anarchie. Or, ôtez la force et l'indépendance de la commune, « vous n'y trouverez jamais que des administrés et point de citoyens. » (*De la démocratie en Amérique*, par M. de Tocqueville, t. I, p. 104.)

« remarquer que déjà le canton figure dans l'organisation « judiciaire, que son existence se révèle dans les opérations « relatives au recrutement, aux élections politiques, aux « élections d'arrondissement et départementales, dans la « formation des corps de la garde nationale, dans l'exécu- « tion des lois sur le cadastre, sur l'instruction primaire; il « ajoutait que souvent on a de la peine à trouver dans les « communes un assez grand nombre d'hommes capables de « les administrer, tandis que le canton offrirait toujours des « ressources suffisantes sous ce rapport [1]. »

C'est là une idée lumineuse. On peut ériger le canton en commune, sans détruire ni même ébranler nulle partie de l'édifice administratif.

Dans cette circonscription, la subdivision de la commune en sections permettra de maintenir les officiers de l'état civil à proximité des citoyens. On aura d'ailleurs, dans l'organisation de ces sections, un moyen de résoudre les difficultés que pourra présenter la fusion des populations rurales avec la population des villes.

Le canton n'est pas si grand qu'on ait à redouter d'en faire une corporation trop puissante; et cependant, son territoire est assez étendu pour que les besoins et les intérêts locaux puissent constituer un domaine important. Ce ne sera d'ailleurs qu'une base, un point de départ; on comprend sans peine que rien n'empêcherait d'établir, par trait de temps, dans les institutions municipales, une sorte de hiérarchie d'après laquelle le pouvoir, élevé à sa plus haute puissance au centre de la municipalité, se restreindrait par degrés, en descendant jusqu'à la commune [2].

[1] J'emprunte cette analyse à M. Duvergier. Voyez la note sur le titre de la loi du 18 juillet 1837.

[2] « Il ne faut pas songer sans doute, a dit M. Vivien, à former tout à coup

C'est la seule voie qui puisse nous sortir d'un système de fractionnement dont les inconvénients ne sont méconnus par personne ; et le moment est venu pour le législateur de s'y engager pour nous ramener à cet esprit communal qui fera seul passer dans les mœurs les libertés que les représentants de la nation auront déposées dans les lois.

« de nouvelles communes composées d'une ville et des communes rurales « environnantes ; cette organisation ne peut être improvisée, mais il me semble « bien convenable de diriger ses efforts vers ce but. Diviser le territoire en « parties égales est une chose facile sur le papier ; mais il y a dans la réa- « lité des éléments qui résistent à cette distribution méthodique : ce sont « ces éléments qu'il faut connaître, et auxquels l'organisation légale doit « être subordonnée. Ne sait-on pas que, dans chaque province, dans chaque « département, les différentes villes, les différents bourgs, sont des centres « plus ou moins considérables auxquels se rattachent les territoires qui les « entourent ? ces villes et ces bourgs devraient donc être placés dans un « rang supérieur dans la hiérarchie administrative. Pour être logique dans « ce système, il serait même nécessaire d'établir plusieurs degrés, car cha- « que ville n'a pas la même importance, n'est pas un centre dont les rayons « aient la même étendue, et il en est plus d'une qui, chef-lieu par rapport « aux communes rurales qui sont dans son voisinage, ne doit être que satel- « lite d'une cité plus considérable. Ainsi, Lille, Lyon, Toulouse, Marseille, « Bordeaux, Nantes, ne sont que des chefs-lieux de département, comme « Privas, Gap, Périgueux, et cependant il n'y a point de comparaison à éta- « blir entre ces villes : les premières exercent leur influence sur un terri- « toire qui dépasse de beaucoup les limites des départements dont elles « sont la métropole ; la prétendue indépendance, l'espèce d'égalité que la loi « a faite entre ces cités d'importance si différente, n'existent pas véritable- « ment, et les faits, plus puissants que la loi, rendent souvent inutiles et « même quelquefois nuisibles ces dispositions. Des raisons politiques qui, « aujourd'hui, n'existent plus, déterminèrent l'Assemblée constituante à « opérer le fractionnement qui subsiste encore, et qui ne peut désormais « que produire de fâcheux effets. L'organisation judiciaire et religieuse « nous offre l'exemple des changements qu'il me paraît utile d'opérer pro- « gressivement ; je conviens que cela conduirait à peu près au rétablissement « des anciennes provinces, avec de nouvelles limites, de nouvelles capitales ; « mais je ne crois pas qu'on doive s'effrayer de ce retour vers une division « qui n'aurait aucun des inconvénients de l'ancien ordre de choses, et qui « produirait précisément tous les avantages qui en dérivaient. »

§ III. — De la justice.

Mon dessein n'est pas de traiter de la justice en général ; ce que je pourrais dire du pouvoir judiciaire, au point de vue de l'application des lois civiles et pénales, sera tout aussi bien dit par beaucoup d'autres. Je ne me propose de considérer la justice que dans ses rapports avec les objets du domaine de l'administration.

Les dispositions réglementaires tombent sous l'empire du principe qui défend de réunir dans les mêmes mains le pouvoir de tracer la règle et le pouvoir de l'appliquer, principe fondamental dans nos institutions[1]. Lorsque l'autorité, investie du pouvoir réglementaire, a prescrit les mesures réclamées par l'intérêt général, sa mission est remplie ; l'application des dispositions qu'elle a prises n'est plus que de l'office du juge. Et ce juge n'est autre que celui institué pour l'application de la loi elle-même.

Suivons-le dans son action.

Le droit et le devoir du juge appelé à intervenir pour punir et vaincre la résistance et la volonté du pouvoir régulateur, est d'abord d'examiner si l'acte qu'on invoque est bien l'expression de cette volonté. Refuser au magistrat le droit de vérifier le caractère de la disposition, le forcer d'en référer à l'organe du pouvoir régulateur lui-même, ce serait rendre l'application à cet organe, ce serait annihiler toutes les garanties que les citoyens ont à attendre de l'indépendance de la magistrature. Invoque-t-on, devant le juge, une prescription qui ne peut avoir de force que comme mesure réglementaire ; la première question à examiner et à résoudre est celle de la *validité* de la mesure.

[1] Voy. *suprà*, p. 6.

Ce n'est qu'autant qu'il aura reconnu que l'auteur de la prescription était, en effet, investi du pouvoir réglementaire, et qu'elle s'est produite dans la sphère et d'après les règles assignées à l'exercice de ce pouvoir, que le juge contraindra ceux qu'elle concerne à la respecter. C'est ainsi qu'en matière criminelle spécialement, la Cour de cassation fait aux tribunaux un devoir de refuser d'appliquer tout règlement qui leur paraît illégal, ou parce qu'il excède le pouvoir délégué au fonctionnaire dont il est l'œuvre, ou parce qu'il statue sur une matière étrangère au domaine du pouvoir réglementaire, ou parce qu'enfin il est contradictoire à la loi [1].

Ce contrôle, et c'est en cela qu'il se concilie avec la liberté due à l'action administrative, ne va point au delà de la question de légalité. Du moment qu'une disposition réglementaire est exempte de tout vice d'illégalité, le juge est tenu de l'appliquer rigoureusement, sans se préoccuper de sa justice ni de son opportunité. Nulle excuse, autre que celle formellement établie par la loi ou le règlement, n'est d'ailleurs admissible en matière de contravention aux règle-

[1] Voy., entre une foule d'autres, les arrêts des 26 mars 1825 et 23 juin 1835. — Vainement dirait-on que le droit des tribunaux, à cet égard, n'est expressément reconnu que par l'art. 471, § 15 du Code pénal, qui sanctionne les règlements *légalement faits*; et que, par cela même, on est autorisé à le mettre en doute pour la juridiction civile. Le but de la mention, dans l'art. 471 du Code pénal, n'est évidemment pas de poser un principe, mais seulement de le rappeler dans son rapport avec les règlements de police, qui forment la classe de beaucoup la plus nombreuse des mesures réglementaires. La Cour de cassation ne s'y est point méprise; elle n'a fait nulle difficulté, par exemple, de prononcer sur la légalité des ordonnances dont l'objet a été de pourvoir à la composition des Chambres pour le jugement des questions d'État (voy. arrêt du 11 janvier 1837), ou aux attributions des Chambres correctionnelles (voy. arrêt du 8 avril 1835), et de celles qui enlèvent la plaidoirie aux avoués (voy. arrêt du 23 juin 1835).

ments [1]. C'est en vain qu'on invoquerait le défaut de mauvaise intention, la bonne foi, l'ignorance[2], ou la difficulté d'obéir aux prescriptions [3].

On respecte, ainsi, jusqu'à la défense faite aux tribunaux de juger les actes administratifs et d'en entraver l'exécution; défense qui ne peut, au surplus, s'entendre que des actes dont l'exécution ne doit pas précisément être du fait des tribunaux. Le tribunal, en se refusant à faire application d'un règlement, n'en prononce pas pour cela l'annulation. Il juge et déclare purement et simplement, qu'il ne se croit point autorisé à prêter le secours qu'on réclame de lui. Sans mettre obstacle à l'action de l'administration, il la délaisse « à chercher dans l'autorité qui lui est propre les « moyens de faire exécuter ses actes [4]. »

Mais, si restreint que soit le contrôle réservé à la magistrature à l'égard des actes du pouvoir réglementaire, il n'en constitue pas moins une barrière assez puissante pour protéger contre les excès de l'autorité dépositaire de ce pouvoir. Réduit, par un refus de concours et d'assistance qui sera déjà un encouragement à la résistance, à n'attendre l'exécution de ses prescriptions que de l'emploi de la force et de la violence, le gouvernement y regardera à deux fois avant de se jeter en dehors de toutes les conditions fondamentales de l'ordre social. Et il est vrai de dire que par cela seul que son droit est de ne point appliquer les dispositions qui lui paraissent illégales, le juge se trouve préposé au maintien des limites entre le pouvoir exécutif et le pou-

[1] Voy. arrêts des 23 septembre 1826, 4 octobre 1827 et 13 juin 1828.
[2] Voy. arrêts des 7 décembre 1826 et 3 février 1827.
[3] Voy. arrêt du 13 mars 1834.]
[4] Voy. Merlin, *Répertoire*, v° *Préfet*.

voir législatif, et que, sur ce point encore, il a la garde de nos personnes et de nos biens [1].

Ce droit, qui ne s'est pas dégagé sans peine des obscurités de la législation et de la résistance que le gouvernement ne s'est pas fait faute de lui opposer, est d'assez grand prix pour qu'on ne néglige pas de lui donner place dans la Constitution [2].

[1] Le pouvoir judiciaire est interposé entre le pouvoir législatif et les citoyens, et il lui appartient, d'un autre côté, de paralyser toute entreprise du pouvoir exécutif sur les personnes et les biens qui ne relèvent que de l'empire de la loi; c'est donc au pouvoir judiciaire qu'est en réalité confiée la garde de tous les droits privés. D'où la nécessité pour la société de chercher sa sécurité dans la force et l'indépendance de ce pouvoir.

[2] Après avoir établi et justifié le droit pour les tribunaux d'apprécier l'excès de pouvoir de l'autorité qui vient lui demander un moyen de contrainte, M. Hello poursuit en ces termes : « Ces principes sont évidents, et, tout « évidents qu'ils sont, leur triomphe n'est sans contestation que depuis 1830. « Auparavant, le refus d'appliquer une peine prononcée par ordonnance « était un des actes les plus difficiles du courage civil, ce n'est qu'en 1832, « lors de la révision du Code pénal (art. 471, § 15), que l'on a reconnu le « droit des tribunaux de simple police, de n'accorder la sanction judiciaire « qu'aux règlements légalement faits, et cette faculté s'étend à tous les de- « grés de la hiérarchie.

« Ne nous hâtons cependant pas trop de triompher : le principe que l'on « croyait rejeté sans retour, vient de reparaître au Conseil d'État. Une or- « donnance rendue le 23 décembre 1845 (dans l'affaire des trois ponts), « ayant à régler la compétence de l'autorité judiciaire et de l'autorité admi- « nistrative, fait entre elles le partage que voici : des citoyens refusent de « se soumettre au péage sur trois ponts de Paris; leur refus se fonde sur ce « que la durée du péage, d'abord fixée par une loi, n'a été prorogée que par « un arrêté consulaire de l'an X et une ordonnance royale de 1814. Or, ils « adressent à ces actes des reproches de deux espèces : 1° ils nient leur « existence légale; l'arrêté de l'an X ne porte pas de contre-seing d'un mi- « nistre; l'ordonnance de 1814 n'a pas de minute; elle n'est prouvée que « par des expéditions; 2° leur existence fût-elle constante, ils sont coupa- « bles d'excès de pouvoir; ils ont changé une loi. Le Conseil d'Etat recon- « naît à l'autorité judiciaire le droit d'apprécier le premier reproche, qui « porte sur la forme des actes; il lui refuse celui d'apprécier l'excès de

Je demande plus, je demande que la garantie soit étendue à cette portion des droits privés qui tombe dans le domaine de la juridiction administrative. Les règlements en matière de grande voirie, de roulage, de navigation, de servitudes défensives des places fortes, sont appliqués, au moins en appel, par le chef suprême de l'administration en Conseil d'État. On n'a donc pas, dans ces matières, à compter sur un intermédiaire entre le pouvoir qui trace la règle et le citoyen qui doit la subir; c'est l'autorité, investie du pouvoir régulateur lui-même, qui a le dernier mot dans l'application; et dès lors, ses actes n'ont à affronter nul contrôle. Mais l'organisation dont nous nous proposons d'indiquer les bases aura précisément pour mérite d'établir dans la sphère de l'administration une autorité juridique indépendante. Rien ne sera donc plus facile que d'assurer aux droits du ressort de la juridiction administrative la protection qui naît, pour les droits du ressort de la juridiction civile et criminelle, du droit d'appréciation remis au juge, et que la raison ne réclame pas moins impérieu-

« pouvoir. C'est la résurrection du principe impérial. N'accorder à l'autorité « judiciaire que le droit d'apprécier la forme, c'est ne lui rien accorder. La « moindre chose, quand on présente un acte à un juge, est qu'il examine « s'il est en forme probante; jusque-là il n'est pas obligé d'y croire. On lui « refuse tout en lui refusant le droit d'examiner de quel pouvoir il émane; « le discernement lui est ôté, il est asservi, on en fait un instrument. Un « péage sur la voie publique est un impôt; il ne peut être établi que par « une loi, et ce n'est plus la loi qui l'ordonne, quand on le prolonge au « delà du terme fixé par elle. On n'interdit cet examen au juge qu'en re- « tombant dans la confusion que nous avons signalée entre le droit de cri- « tiquer ou d'annuler l'acte, et celui de lui refuser l'application judiciaire; « en d'autres termes, qu'en paralysant un pouvoir sous prétexte de le con- « tenir. Encore une fois, il est très-légitime de le contenir dans des limites, « mais non de l'empêcher de s'y mouvoir selon sa nature. » (*Du régime constitutionnel*, t. II, p. 144.)

sement pour les uns que pour les autres. Il suffira de déclarer que les tribunaux administratifs n'accorderont, comme les tribunaux de simple police, la sanction judiciaire qu'aux règlements *légalement faits.*

Dans la sphère du pouvoir réglementaire, on n'est point exposé à voir l'administration se confondre avec la juridiction ; ce qui est de l'office du juge est réservé au pouvoir judiciaire, et tout est réglé lorsqu'on a déterminé le concours et l'assistance que ce pouvoir doit à l'autorité administrative.

Pour rencontrer les difficultés que comporte l'organisation de la justice dans ses rapports avec l'administration, il faut aborder les mesures que l'administrateur prend à l'effet d'appliquer les dispositions du pouvoir régulateur, et qui le mettent en contact avec l'individu, les mesures dans lesquelles il s'adresse directement à lui, au nom de la loi ou des règlements, et qui impliquent tour à tour une attribution ou un retrait d'emploi, la constatation et la déclaration d'un fait, une permission, une injonction ou une interdiction, le refus ou l'octroi d'une autorisation, etc.

Dans nombre de ces mesures, l'administration n'est exposée qu'à froisser des convenances et des intérêts ; c'est ce qui arrive de toutes celles qui ne portent que sur des avantages du domaine exclusif de la faveur, et, par exemple, sur des demandes de places ou de récompenses à la disposition de l'administration. C'est ce qui arrive également des mesures que leur objet même fait une nécessité d'abandonner à un pouvoir essentiellement discrétionnaire, et, par exemple, de celles qui statuent sur des demandes de naturalisation ou d'homologation de statuts de sociétés anonymes, ou sur des demandes d'autorisation pour les acquisitions, aliénations, échanges, emprunts et acceptations de dons et legs, de la part des communes et établissements d'utilité publique [1].

Il en est d'autres qui sont, en raison de leurs suites possibles pour les tiers, de nature à soulever de leur part une opposition fondée sur de véritables droits [2]. Les actes qui autorisent un simple changement de nom peuvent faire grief à des tiers, qui souffriraient de voir prendre par autrui un nom qui est le leur. Que le riverain d'un cours d'eau sollicite l'autorisation d'utiliser une chute pour la création d'une usine; si des usines existent déjà sur le même cours d'eau, les propriétaires ne manqueront pas d'intervenir, armés des autorisations obtenues par eux-mêmes, de les faire valoir comme des titres, et d'insister pour que l'établissement nouveau soit soumis à toutes les conditions voulues pour qu'il ne cause nul préjudice aux établissements anciens. Il ne s'agira donc pas seulement de statuer au point de vue des exigences de police, il y aura évidemment à procéder à une appréciation et à un règlement de *droits*.

Enfin, l'administration se trouve souvent en face d'un droit personnel à celui-là même que la mesure concerne. Un propriétaire, dont l'héritage borde une voie publique, se propose de construire et demande un alignement. Pour donner cet alignement, il faudra, premièrement, reconnaître la ligne séparative du chemin et du terrain sur lequel le projet est de bâtir, et, secondement, déterminer, eu égard à cette ligne, les points au delà desquels les constructions ne

[1] Ces mesures sont considérées comme étrangères au contentieux administratif. Voy. l'ordonnance du 17 janvier 1838, sur la requête de la commune de Vellerot-les-Belvoir, et celle du 23 août 1845, sur la requête d'un sieur Barbier de Lassaux.

[2] Le droit répond bien toujours à un intérêt, mais, et c'est là ce qui le constitue, à un intérêt reconnu et consacré par la loi.

pourront être portées. Et, sous ce double rapport, le droit de propriété se trouvera engagé dans l'opération. Supposons une demande d'autorisation pour l'établissement d'une fabrique classée au nombre des ateliers insalubres ou incommodes; l'autorité administrative aura à prononcer entre les exigences de la police et le droit pour chacun d'user et de disposer librement de sa chose.

Il serait aisé de multiplier les exemples; mais je me suis étudié à ne prendre que les plus simples; et ils suffiront, j'espère, pour faire comprendre que l'administration est exposée à venir se heurter contre ce qu'on appelle des *droits* dans le sens juridique de ce mot, et qu'il est indispensable, pour assurer sa marche, de lui ménager un moyen de vaincre ce genre d'obstacles.

Quel sera ce moyen?

Empruntera-t-on le secours du pouvoir judiciaire? L'administration sera-t-elle réduite à s'adresser aux tribunaux et à les faire intervenir dès qu'elle aura à tenir compte d'une demande, d'une prétention, d'une opposition ou d'une réclamation basée sur un droit? On n'y saurait songer. Dans les circonstances que j'indiquais tout à l'heure, et dans bien d'autres encore, et notamment dans la plupart des mesures de police, ce qui est de droit se lie si étroitement à ce qui est d'administration, que toute distinction est impossible. La question, pour être complexe, n'en est pas moins *une;* elle ne peut être tranchée, dans la double appréciation qu'elle comporte, que par un seul et même acte; elle ne peut donc relever que d'une seule et même autorité. Or, la soumettre au pouvoir judiciaire, c'eût été

[1] Le plus ordinairement les tiers interviennent aussi, et excipent de leurs droits de propriété pour former opposition à l'octroi de l'autorisation.

lui livrer l'administration. Force a bien été de laisser au dépositaire du pouvoir administratif le droit de faire office de juge, pour les mesures participant à la fois du caractère d'actes d'administration et du caractère d'actes de juridiction.

Allons plus loin.

Le législateur a été entraîné, par la force des choses, à abandonner à l'autorité administrative des difficultés à l'égard desquelles la question de droit domine à ce point, qu'il est vrai de dire que, dans les dispositions dont elles sont l'objet, l'administrateur s'efface pour ne laisser paraître que le juge.

Un décret du 4 juillet 1806 charge le maire de prononcer provisoirement, et le préfet de prononcer définitivement sur les difficultés entre les concurrents pour les courses de chevaux.

La loi du 29 floréal an X charge le sous-préfet de pourvoir, par mesures provisoires, à la cessation du dommage en matière de contraventions de grande voirie, et prescrit de porter devant le préfet les réclamations contre les arrêtés pris par lui à cet effet.

Aux termes de la loi du 21 mars 1831, le maire connaît des réclamations contre la liste des électeurs communaux, et le recours contre les décisions est ouvert devant le préfet.

Le maire prononce également, sauf appel au préfet, sur l'exactitude de la déclaration des prix de vente en cas de débat entre les employés de la régie et les débitants [1].

Le préfet statue sur le droit d'assister à l'assemblée pour la nomination des prud'hommes [2].

[1] Voy. L. 28 avril 1816, art. 49.

[2] Voy. L. 18 mars 1806 et décret du 3 juillet 1806, art. 5.

Il tranche les contestations entre les communes et les régisseurs sur l'administration ou la perception des octrois, et entre les communes et les fermiers sur le sens des clauses des baux [1].

Il prononce entre la régie et les débitants pour l'abonnement destiné à remplacer l'exercice [2], et entre la régie et la commune pour l'abonnement destiné à remplacer soit l'inventaire sur les vins nouveaux, soit le payement immédiat et par douzième du droit sur les vendanges [3].

Les lois et règlements en matière de comptabilité portent que les receveurs généraux sont responsables de la gestion des receveurs particuliers de leur département, et que les receveurs sont, eux-mêmes, responsables de la gestion des percepteurs, en ce qui concerne les contributions directes; ils disposent en même temps, que si le déficit provient de force majeure ou de circonstances indépendantes de toute surveillance, le receveur pourra obtenir décharge de sa responsabilité; et ils ajoutent que les décisions sur les demandes en décharge de responsabilité seront prises par le ministre des finances [4].

Aux termes des lois des 27 avril 1838 et 17 juin 1840, dans le cas où des mines sont menacées d'inondation, le

[1] Voy. décret du 17 mai 1809, art. 136.

[2] Voy. L. 28 avril 1816, art. 70, 78 et 79.

[3] Voy. L. 21 avril 1832, art. 40.—Aux termes d'un arrêté du 4 thermidor an XI et de la loi du 11 frimaire an VIII, art. 11, le préfet vise et rend exécutoire, en matière de vente de domaines nationaux, l'état des sommes dues dressé par l'administration des domaines, et connaît des difficultés relatives au chiffre ou à l'exigibilité de la dette. Mais je ne vois pas là une attribution détachée par les lois de la révolution du domaine du pouvoir judiciaire, et je m'abstiens d'en faire mention comme d'une dépendance de la sphère administrative.

[4] Voy. ordonnance du 19 novembre 1826, art. 1, 2 et 10.

ministre désigne quels sont les concessionnaires qui, à raison de leur intérêt à ce que des travaux d'assèchement soient exécutés, doivent contribuer aux dépenses. Et à défaut de payement de la taxe mise à la charge de chacun, le ministre est autorisé à prononcer le retrait de la concession [1].

Le retrait de la concession à prononcer par le ministre est également la sanction de l'obligation imposée aux concessionnaires, d'acquitter le prix des travaux que les lois et règlements autorisent l'administration à faire exécuter aux frais des exploitants de mines, sous le coup d'accidents ou en face de périls imminents, comme aussi de l'interdiction qui leur est faite par l'art. 49 de la loi du 21 avril 1810, de restreindre ou suspendre l'exploitation, de manière à inquiéter la sûreté publique ou les besoins des consommateurs [2].

Les demandes de pension sont adressées au ministre du département dans lequel le réclamant a effectué son dernier service. Si le ministre juge qu'il y a lieu d'accueillir la demande, il fait procéder à la liquidation, et la pension est accordée et réglée par une ordonnance royale. S'il juge qu'il y a lieu de refuser, le refus est exprimé par une décision ministérielle [3].

Enfin, il résulte des lois des 17 juillet, 8 août 1790, 24 septembre 1814 et 28 avril 1816, et de l'ordonnance du 31 mai 1838, que nulle créance ne peut être remboursée par l'Etat qu'après avoir été *liquidée* par un des ministres [4].

[1] Voy. L. 29 avril 1838, art. 2 et 6.

[2] Voy. L. 27 avril 1838, art. 9, et L. 21 avril 1810, art. 10.

[3] Voy. décret 27 février 1811, art. 6; L. 25 mars 1817, art. 26, et ordonnance du 2 août 1820, art. 20.

[4] Les lois veulent que toute dette sur le Trésor, quel qu'en puisse être le

Dans ces attributions diverses, la mesure à prendre est provoquée par une lutte engagée au nom de droits privés, et ne peut être, dans son principe et dans son but, qu'une décision juridique. Mais cette décision est toujours liée à une opération d'administration, ou subordonnée à une appréciation de faits du ressort exclusif de l'administrateur ; son objet tombe virtuellement dans le champ de l'action administrative, on ne saurait donc la demander à une autorité autre que l'autorité administrative elle-même.

Je pourrais m'arrêter ici, et rechercher quelle est l'organisation à donner à l'autorité administrative en vue des actes de juridiction que comporte l'accomplissement de sa mission. Ce n'est cependant pas ce que je ferai; ce serait laisser de côté tout un ordre d'attributions dont il importe de tenir le plus grand compte : je veux parler des objets que le législateur a cru devoir *détacher* du domaine des tribunaux civils pour les placer sous l'empire de la justice administrative.

Le législateur, enseigné par l'expérience, a enlevé aux

titre, soit revisée par le ministre dont le département embrasse le service auquel elle se rapporte. Cette révision, qui constitue la *liquidation*, donne le moyen d'écarter les créances qui ne se justifieraient pas par des titres légitimes et réguliers, et de parer ainsi aux abus et aux malversations. Mais sa destination spéciale est de procurer l'application des lois et règlements de finances, et particulièrement des dispositions qui, pour tenir le Trésor dégagé d'un arriéré trop écrasant, frappent de déchéance certaines créances déterminées par la spécialité, ou plus ordinairement par l'époque de leur origine.

La jurisprudence a aussi déduit du principe consacré par les lois en matière de liquidation, la règle qu'en dehors des cas prévus et expressément réservés par la loi, soit aux tribunaux civils, soit aux Conseils de préfecture, toute action qui tend à faire déclarer l'état débiteur doit être portée devant le ministre ; mais c'est là une règle que je considère comme contestable. (Voy. notre *Traité général du droit administratif appliqué*, n° 1367, t. II, p. 563.)

tribunaux civils le droit de statuer sur l'exécution des marchés passés avec l'administration [1].

La compétence a été donnée aux ministres pour tous les marchés autres que les marchés de travaux publics; et quant aux marchés de travaux publics, les contestations qui en peuvent naître entre l'administration et les entrepreneurs, ou même entre les entrepreneurs et les tiers qui ont à souffrir de leur fait, sont attribuées au Conseil de préfecture [2].

Le Conseil de préfecture est également appelé, par des dispositions expresses et toutes spéciales de la loi, à connaître de l'exécution des baux à ferme des eaux minérales [3];

Des questions déterminées par la loi du 9 ventôse an XIII, l'avis interprétatif du 18 juin 1809 et l'ordonnance du 23 juin 1819, en matière d'usurpation et de partage de biens communaux;

Des demandes à fin d'annulation, pour défaut de forme

[1] Les tribunaux avaient été investis du droit de prononcer sur ces marchés par la loi du 4 mars 1793. « Or, jamais les services publics n'ont été « plus mal faits, et les fournisseurs plus mal payés que sous l'empire de cette « loi. Cela ne tenait pas seulement aux besoins pécuniaires de ce temps-là, « mais aussi surtout aux difficultés des liquidations. Comment les tribunaux « pourraient-ils connaître de l'apurement de ces comptes, dont presque « toutes les pièces justificatives sont ordinairement dans les bureaux minis- « tériels? Comment concilier la célérité qu'exigent la fourniture des armées, « les mouvements des troupes, les besoins variables et accidentels du ser- « vice, avec la lenteur et le nombre des formes judiciaires? Et puis, n'est- « ce donc rien que l'économie des frais, jointe à celle du temps? Tous ceux « qui ont vu de près les affaires judiciaires, savent qu'il n'y a point de pro- « cès plus longs, plus dispendieux, que ceux qui portent sur des débats de « comptes. » Voy. M. Serrigny, n° 977, t. II, p. 333.

[2] Voy. L. des 12 vendémiaire, 13 frimaire et 28 pluviôse an VIII, et décret du 11 juin 1806.

[3] Voy. arrêté du 3 floréal an VIII, art. 2.

ou fausse énonciation, des procès-verbaux de réarpentage et récolement, dans les prévisions de l'art. 50 du Code forestier, relatif à la vente de coupes dans les bois de l'Etat et des communes ;

Des débats entre les propriétaires de bois et forêts et les communes qui, pour échapper au rachat, soutiennent que l'exercice du droit de pâturage est d'une nécessité absolue pour leurs habitants [1] ;

Des questions de *possibilité* et de *défensabilité*, en matière d'usages sur les bois et forêts [2] ;

Des contradictions opposées par les communes aux projets, de la part de l'administration forestière, de conversion en bois et d'aménagement de terrains en nature de pâturages [3] ;

Des contestations entre les habitants sur le mode de partage des bois coupés à titre d'affouage, et sur la répartition des sommes à payer par les parties prenantes [4] ;

Des difficultés entre le caissier et les bouchers, herbagers, forains, employés et autres agents des marchés ou de la Caisse de Poissy [5] ;

De l'apurement des comptes des receveurs des communes et établissements publics, dont le revenu n'excède pas 30,000 fr. [6] ;

Des réclamations contre la fixation des cotes ou l'application des rôles en matière de contributions directes [7] ;

Des réclamations contre les rôles dressés pour le recou-

[1] Voy. art. 64 du Code forestier.

[2] Voy. art. 65 et 67 du Code forestier.

[3] Voy. art. 90 du Code forestier.

[4] Voy. L. 10 juin 1793, section v, art. 1 et 2.

[5] Voy. décret du 6 février 1811, art. 32.

[6] Voy. L. 18 juillet 1837, art. 66.

[7] Voy. L. du 28 pluviôse an VIII, art. 4.

vrement des indemnités de plus-value, à la charge des propriétaires, aux termes des lois sur le desséchement des marais [1];

Du contentieux des domaines de l'Etat, en ce qui a trait aux questions de validité et d'interprétation des contrats d'adjudication [2];

Des contestations relatives au recouvrement des taxes perçues sur les billets de spectacle, à titre de *droit des pauvres* [3];

Des contestations sur la validité des élections municipales et départementales [4];

Du règlement de l'indemnité à payer par les hospices pour le placement des aliénés à leur charge dans l'établissement créé et entretenu par le département [5];

Du règlement des indemnités à payer par les concessionnaires de mines, aux auteurs de recherches ou travaux antérieurs à la concession, ou aux propriétaires des terrains occupés pour l'exploitation; et des réclamations contre les rôles pour le recouvrement des redevances à percevoir au profit de l'Etat, ou pour la perception des taxes affectées au payement des travaux d'assèchement régis par la loi du 27 avril 1838 [6];

[1] Voy. L. du 16 septembre 1807, art. 20 et 27.

[2] Voy. L. du 20 pluviôse an VIII, art. 4, et entre autres ordonnances fort nombreuses, celles des 5 août 1841, sur la requête du ministre des finances, et 27 février 1835, sur la requête du même ministre.

[3] Voy. L. des 7 frimaire, 2 floréal et 8 thermidor an V, 7 fructidor an VIII et 25 juin 1841, art. 27.

[4] Voy. L. des 21 mars 1831, art. 51 et 52, et L. du 22 juin 1833, art. 50, 51 et 52.

[5] Voy. L. du 30 juin 1838, art. 28.

[6] Voy. L. du 21 avril 1810, art. 37, 38, 44 et 46; décret du 6 mai 1811, art. 44 et suiv., et L. du 27 avril 1838, art. 5.

Des comptes ou répartitions de revenus des biens des cures et menses épiscopales[1];

Des contraventions aux lois et règlements sur les servitudes militaires, dans le voisinage des places de guerre[2];

Du contentieux de la grande voirie et des contraventions, dégradations et détériorations à l'égard de toute chose dépendant du domaine de la grande voirie[3];

Du règlement des subventions qui peuvent être dues pour l'entretien ou la réparation des chemins vicinaux, à raison de dégradations extraordinaires[4];

Du contentieux et des contraventions concernant les rues de Paris, pour tout ce qui relève de la grande voirie, dans les limites tracées par l'arrêté du 12 messidor an VIII et le décret du 27 octobre 1808.

Il est bien certain que si, parmi les contestations que nous venons d'énumérer, il en est quelques-unes qui, par leur objet même, appartiennent à la sphère administrative, l'attribution à la justice administrative n'a, pour le plus grand nombre, sa raison que dans une *délégation* déterminée par des motifs politiques, comme par exemple, pour les contestations en matière de partage de biens communaux ou de vente de domaines nationaux, ou par des motifs tirés des intérêts de la justice elle-même, comme pour les contestations re-

[1] Voy. décret du 6 novembre 1813, art. 24.

[2] Voy. L. du 17 juillet 1809.

[3] Voy. L. des 28 pluviôse an VIII, 29 floréal an X et 7 ventôse an XII; décret du 23 juin 1806, et ordonnances des 23 décembre 1816 et 29 octobre 1828.

[4] Voy. L. des 9 ventôse an XIII et 21 mai 1836. — Je ne fais pas mention de la compétence du Conseil de préfecture dans son application aux contraventions et délits, parce qu'il y a sur ce point dissentiment entre la Cour de cassation et le Conseil d'Etat.

latives à l'exécution des marchés passés avec l'administration, et pour la répression des contraventions en matière de grande voirie. Il est bien certain aussi qu'à l'égard de celles-là, les limites qui circonscrivent le domaine de la justice administrative ne sont point immuables, et qu'on pourrait se demander si le moment n'est pas venu de reviser la législation en ce point, et de rendre au pouvoir judiciaire ce qui ne lui a été enlevé que sous l'empire de circonstances qui peuvent n'être plus. Cette question, toutefois, n'est pas de celles que je me suis proposé d'examiner et de résoudre dans ce travail. Mon but est simplement de rechercher quelle est l'organisation que comporte la justice administrative; et je n'ai fait mention des attributions fondées sur des dispositions exceptionnelles et dérogatoires au principe de la séparation des pouvoirs administratif et judiciaire, que pour donner une idée exacte des difficultés du ressort de la juridiction administrative.

On le sait maintenant ; dans certains cas, la question de *droits privés*, qu'elle surgisse d'une opposition de la part des tiers, ou qu'elle naisse de l'objet même de la mesure, est inséparablement liée à une question d'administration, et appelle un acte qui participe à la fois de la nature des actes de l'office de l'administration et de la nature des actes de l'office du juge ; d'autres fois, les questions de droits privés ne relèvent de l'administrateur que par les appréciations auxquelles elles sont subordonnées, se présentent sous forme de débat, et donnent lieu à un acte qui ne se produit qu'à titre de *décision;* il en est enfin qui se résument en une contestation dégagée de l'action administrative, et, souvent même, en une contestation détachée du domaine du pouvoir judiciaire.

Demandons-nous comment il est, dans l'état actuel de la

législation, pourvu à l'exercice de l'autorité administrative à ce point de vue.

Les mesures qui impliquent un acte d'administration, et celles même qui, n'intervenant qu'à titre de décisions, empruntent cependant leur base à une appréciation de l'office de l'administrateur, sont, en général, réservées aux organes de l'action administrative, à savoir, le maire, le préfet, le ministre, ou le chef même de l'Etat.

A l'égard de ces mesures, la garantie due aux droits privés réside tantôt dans les précautions particulières prises pour éclairer la marche de l'administrateur, et, par exemple, dans les formalités dont l'accomplissement lui est prescrit, et tantôt dans une révision de l'office du juge. Et, sous ce double rapport, elles relèvent du Conseil d'Etat. Mais il est de principe qu'il n'y a de recours contre l'acte d'un agent administratif que devant son supérieur, dans l'ordre de la hiérarchie, et que ce n'est, sauf un seul cas, celui de l'excès de pouvoir, qu'en passant par les intermédiaires qu'on peut arriver au Conseil d'Etat.

Devant le Conseil d'Etat, la distinction entre les actes pour lesquels la garantie n'est que dans le mode d'instruction, et les actes susceptibles d'une révision, se manifeste dans toute son importance. Le contrôle du Conseil d'Etat ne va pas, pour les premiers, au delà de la forme. Les conditions voulues pour leur régularité ont-elles été remplies, il s'interdit d'entrer dans l'examen des dispositions ; les actes lui paraissent-ils entachés d'irrégularité, il les *annule* pour cause d'excès de pouvoir, et laisse à l'administration le soin de reprendre l'affaire pour la régler de nouveau. A l'égard des seconds, le mérite de la mesure, envisagée dans son principe et dans ses effets, tombe en discussion devant le Conseil. Mais, dans son examen et dans sa décision, il s'étudie à discerner les questions dont l'appréciation est de l'office de l'administrateur, de celles dont la solution est de l'office du juge. Les reproches sont écartés en tant qu'ils portent sur les premières, comme non susceptibles d'être présentés par la voie contentieuse ; et ce n'est qu'en raison des erreurs signalées en ce qui a trait aux secondes, que le Conseil se détermine à annuler, et, au besoin, à *réformer* l'acte déféré à sa censure[1].

Les difficultés qui se présentent sous forme de *litiges*, et qui n'ont rien en elles qui ne soit de l'office du juge, ont été attribuées à des assemblées qu'on s'est proposé d'investir d'une véritable juridiction. Elles sont réparties entre les Conseils de préfecture (aux colonies les Conseils privés ou d'administration), les Conseils de révision, les Commissions spéciales, le Conseil de l'instruction publique et la Cour des comptes. Mais au-dessus de ces corps, qui forment autant de tribunaux spéciaux, on retrouve le Conseil d'État, qui, seulement chargé, à l'égard des Conseils de révision et de la Cour des comptes, de réprimer les *excès de pouvoir et violations de la loi*, remplit, à l'égard de tous les autres, les fonctions de tribunal d'appel.

Que si, maintenant, on embrasse d'un coup d'œil tout le système, on est frappé de ce fait, que, tandis que la justice

[1] La plupart des auteurs ont cru pouvoir faire sortir la définition du contentieux administratif d'une distinction entre les *intérêts* et les *droits*. Le contentieux se rencontre, suivant eux, partout où il y a atteinte portée à un droit ; mais rien n'est moins exact. L'administration est armée, à l'égard de certains droits, d'un pouvoir discrétionnaire ; à l'égard de certains autres, elle n'est dominée que par des conditions de forme assignées à l'exercice de son pouvoir ; et d'autrefois, la disposition qui tombe dans le domaine du contentieux par son objet, échappe au juge dans tout ou partie des considérations de fait auxquelles elle emprunte ses motifs. Or, ce sont là des distinctions difficiles à suivre, et qui n'ont pu être établies que par une longue jurisprudence attentive à chaque espèce.

administrative est concentrée, au second degré, dans les mains du Conseil d'Etat; et qu'ainsi son organisation la place, au sommet, sous l'empire du principe de l'*unité*, elle est, dans le degré inférieur, partagée entre les maires, les préfets, les ministres, les Conseils de préfecture, les Conseils de révision, les Commissions spéciales, le Conseil de l'instruction publique, la Cour des comptes, et souffre ainsi de tous les inconvénients du plus regrettable *morcellement*.

Serait-ce là un vice impossible à faire disparaître?

Non certainement.

Il est bien évident, quant aux attributions des Conseils de préfecture, des Conseils de révision, du Conseil de l'instruction publique et même de la Cour des comptes, que rien n'empêche de les réunir pour les confier à un seul et même corps juridique[1]. La division, en ce qui les concerne, n'a pour prétexte que la spécialité de connaissances à rechercher dans les juges, et c'est là une exigence à laquelle on répondra par la composition du tribunal.

Restent les attributions des organes de l'action administrative, et, particulièrement, celles qui ont leur source dans la réserve pour le supérieur du droit exclusif de connaître des réclamations dirigées contre les actes de ses subordonnés, dans la réserve pour le préfet de connaître des réclamations contre les actes du maire, dans la réserve pour le ministre de connaître du recours contre les arrêtés préfectoraux, et dans la réserve pour le chef du gouvernement de connaître des décisions des ministres. Je sais bien qu'on invoquera à l'appui de cette réserve, le principe de la centralisation. Mais avant d'en appeler au juge, on s'adresse toujours à l'auteur de l'acte dont on a à souffrir, on le sol-

[1] Je suis disposé à voir, dans la Commission spéciale, une sorte de tribunal arbitral, et, à ce titre, elle me semble devoir être conservée.

licite de le rapporter; et il suffit, pour sauvegarder le principe de la centralisation, de lui faire une obligation d'en référer à son supérieur. Du moment que la réclamation se traduit en un recours à la justice, ce n'est plus du principe de la centralisation qu'il faut se préoccuper, on tombe sous le coup du principe qui a servi de base à la création des Conseils de préfecture, et qui veut que là où il y a à procéder à une appréciation et à une décision de *droits*, l'exercice de l'autorité administrative prenne la forme juridique. Craindrait-on de voir le juge s'emparer de ce qui est de l'office de l'administrateur et envahir l'administration? Je ne revendique pour le juge du premier degré, que la mission remplie au degré supérieur par le Conseil d'État. Pourquoi le préfet aurait-il plus à redouter, pour sa liberté et son indépendance, d'une intervention du Conseil de préfecture, que le ministre n'a à redouter du contrôle ou de la révision du Conseil d'État? Si, à l'origine, on a pu douter de la possibilité de distinguer, dans un même acte, la question de droit de la question d'administration, et d'examiner et décider l'une sans entrer dans l'autre, les limites qui circonscrivent le contentieux administratif ont été, depuis, tracées avec assez de précision par le Conseil d'État, pour qu'il soit toujours facile au juge de les reconnaître et de les respecter. Je n'hésite donc point à le déclarer, je ne comprendrais pas qu'on se refusât à introduire dans la justice administrative au premier degré, l'unité qui fait le premier mérite de son organisation dans le degré supérieur.

Je ne mettrai pas plus d'hésitation à trancher une autre question à laquelle on paraîtrait disposé à prêter quelque gravité, celle de savoir si le plus sage ne serait pas de supprimer la justice administrative, en rejetant toutes les questions de son ressort dans le domaine du pouvoir judiciaire.

Que cette idée ait pu naître en présence des contestations dont l'attribution au juge administratif a sa raison légale dans une disposition dérogatoire à la juridiction du droit commun, ou même en présence des questions du contentieux qui ne se trouvent pas si étroitement liées aux questions d'administration qu'elles ne puissent en être détachées, cela se conçoit. Mais on est bien forcé de l'abandonner dès qu'on arrive aux réclamations suscitées par une mesure de l'office de l'administrateur. Qu'il s'agisse, par exemple, de faire tomber un arrêté préfectoral en matière d'alignement, ou bien d'obtenir la réformation d'un arrêté portant refus d'autorisation pour l'établissement d'un atelier classé au nombre des ateliers insalubres ou incommodes, ou bien de se défendre contre une injonction de démolir pour cause de péril imminent, n'est-il pas de toute évidence que la réclamation doit être examinée au point de vue de considérations étrangères aux préoccupations habituelles du juge gardien de la propriété privée; et que d'autre part, la soumettre à ce juge, ce serait l'appeler à s'immiscer dans l'administration, lui en donner l'accès et rouvrir la porte à tous les abus dont l'Assemblée constituante et la Convention ont voulu prévenir le retour, l'une en proclamant le principe de la séparation des pouvoirs administratif et judiciaire, et l'autre en *faisant, par application de ce principe, défense aux tribunaux de connaître des actes d'administration, de quelque espèce quils soient* [1]? Dans les contestations de ce genre, l'obstacle pour l'administration se rencontre dans le champ même de son action; c'est à l'appréciation de son agent qu'on s'attaque; c'est du défaut de lumières ou de la partialité de l'administrateur qu'on entend se plaindre; il n'y

[1] Voy. L. des 16-24 août 1790, art. 13, et décret du 16 fructidor an III.

a donc pas à sortir de la sphère de l'autorité administrative; la raison veut seulement qu'on cherche à organiser l'exercice de cette autorité, de manière à donner tout à la fois, à l'intérêt particulier et à l'intérêt public, uue sûreté qu'on ne peut guère attendre d'un jugement porté par un seul homme, et par un seul homme dont la mission est d'*agir* plutôt que de *délibérer*; et c'est ainsi qu'on est conduit à reconnaître que tout ce qu'on doit aux droit privés, c'est de remettre, en ce qui peut les toucher, l'administration à un corps juridique, c'est d'instituer une *magistrature administrative.*

La création des Conseils de préfecture n'a pas eu d'autre but; et pour qu'ils ne laissent rien à désirer, il n'est besoin que de quelques modifications à introduire dans leur composition et dans leur mode de procéder.

Ce n'est pas ici le lieu de traiter ce point, puisque je ne m'occupe pas d'une loi organique. Je dirai cependant, en passant, qu'il convient non-seulement d'enlever au préfet sa qualité de président du Conseil de préfecture, mais de l'écarter tout à fait; qu'il est urgent de doter le tribunal administratif du premier degré d'une procédure sagement réglée; qu'il faut placer près de lui un officier du ministère public; qu'on a à le rattacher à l'ensemble de l'organisation judiciaire, en le faisant passer du département de l'intérieur au département de la justice, qui déjà comprend le Conseil d'État; et qu'enfin, il importe d'élever le personnel des Conseils de préfecture à la hauteur de leur mission, et, à cet effet, d'exiger de leurs membres de sérieuses garanties de capacité et d'instruction, et, en même temps, de leur assurer la position et la considération dues à des juges.

L'organisation de la justice administrative au degré supérieur appelle des réformes bien autrement considérables.

Lors de la discussion de la loi sur le Conseil d'État, des publicistes éminents ont vivement critiqué le système qui, même en matière contentieuse, ne fait du Conseil d'État qu'un corps consultatif, un *donneur d'avis*, que le chef du gouvernement reste, en principe, maître d'adopter ou de rejeter; ils ont soutenu que la raison, comme l'équité, voulait que la justice fût, en matière administrative aussi bien qu'en matière civile et criminelle, confiée à des magistrats délégués par la loi [1]; et ce n'est pas sans peine que le gouvernement a fait prévaloir la doctrine contraire. Aujourd'hui, il n'y a même plus de débat possible, la question est tranchée par l'opinion publique. Il faut que le tribunal du second degré soit, à l'instar du tribunal de degré inférieur, investi d'une juridiction propre. Il faut que la justice administrative soit rendue par le Conseil du contentieux comme elle est rendue par le Conseil de préfecture, en vertu d'une délégation.

J'irai plus loin, et je chercherai à offrir aux administrés toutes les garanties qui se rencontrent dans la constitution de l'*ordre judiciaire* lui-même.

J'ai fait remarquer, à chaque pas, que les questions de droits privés du ressort de la juridiction administrative sont toujours impliquées dans des faits ou des exigences d'administration, et que la mission du juge, envisagée dans son but, est, en réalité, de participer à l'exercice de l'autorité administrative. Son premier titre à la confiance doit donc se puiser dans une parfaite intelligence des devoirs et des droits de l'administration.

En partant de cette idée, on est amené à ne prendre les membres du Conseil du contentieux que dans le sein du

[1] Voy. notamment M. Vivien, *Études administratives*, p. 294 et suiv.

Conseil d'État. Ce n'est même pas assez ; il faut encore faire en sorte qu'ils ne soient pas exposés à devenir étrangers aux affaires et à perdre, par trait de temps, ce que j'appellerai l'*esprit administratif;* et, à cet effet, il faut que le Conseil du contentieux ne constitue, au point de vue des fonctions consultatives attribuées au Conseil d'État, qu'une section de ce Conseil; il faut qu'il prenne part à la discussion et à la solution des questions d'administration de nature à être traitées en assemblée générale.

La condition des membres du Conseil du contentieux n'en sera pas moins toute différente de celle des conseillers d'État.

Nous ne laisserons pas au gouvernement le soin de les nommer. L'expérience démontre qu'il n'est pas de meilleurs choix que ceux qui, au dedans des corps, sont réservés aux membres qui les composent [1]. Le Conseil d'État désignera les membres du Conseil du contentieux de la même manière que les membres appelés à faire partie du Conseil de gouvernement, par voie d'élection. Mais l'analogie n'ira pas plus loin. Le premier besoin de la justice, qui est la fixité, ne permet pas de songer à soumettre le personnel du Conseil du contentieux à un renouvellement périodique. D'un autre côté, la mesure de l'indépendance du juge n'est que dans la force de la protection qui le couvre vis-à-vis du pouvoir, et je ne vois aucune raison de refuser aux membres du Conseil du contentieux les avantages dont jouissent, sous ce rapport, les membres des tribunaux civils ou criminels.

Dans ce système, la juridiction administrative constitue

[1] On n'a à redouter les influences de l'esprit de corps que dans les nominations à l'effet de recruter le corps lui-même.

une juridiction spéciale, mais cette juridiction est dotée de toutes les prérogatives de la juridiction du droit commun; il est donc rationnel qu'elle tombe sous le coup des règles destinées à prévenir les empiétements des corps juridiques.

« Tous ceux qui proposent de confier à une juridiction « le contentieux administratif, écrit M. Vivien, sont d'avis « de prendre de telles précautions, que tout abus soit im- « possible. La juridiction n'offrirait de danger réel qu'au- « tant qu'elle pourrait sortir de ses attributions; le con- « tentieux de l'administration touche de si près à l'admi- « nistration pure, la distinction entre l'un et l'autre est « quelquefois si subtile et si délicate, que la confusion « pourrait aisément s'établir. Mais le gouvernement, qui « peut toujours dessaisir l'autorité judiciaire elle-même, « quand elle s'écarte de sa sphère, posséderait, à bien plus « forte raison, ce droit, à l'égard d'une juridiction admi- « nistrative; et rien n'est plus facile que d'en organiser « l'exercice[1]. »

J'ajoute qu'il suffirait, en effet, d'investir le ministre de la faculté d'attaquer, pour cause d'incompétence ou d'excès de pouvoir, les décisions du Conseil du contentieux devant le Conseil du gouvernement.

La tâche que nous nous étions imposée est remplie. On a vu que nous avons placé, à côté du chef de l'État, une Assemblée appelée à l'assister de ses avis ou de son concours dans la sphère de la politique; et que nous avons pris soin, tout en faisant de ce corps un corps indépendant, de le rattacher à la législature, à l'administration et à la justice. On a vu aussi que, dans la sphère administrative, nous avons

[1] Voy. *Études administratives*, p. 302.

cherché à favoriser la liberté, en tempérant le système de la centralisation dans les localités, et à fortifier le gouvernement, en concentrant au sommet l'action dans les mains des ministres, et la délibération dans le sein d'un grand Conseil, répondant, par sa division en sections, à la diversité des services publics. On a vu enfin que, pour les questions juridiques que l'autorité administrative est exposée à rencontrer dans sa marche, nous avons fait en sorte de concilier les exigences de la justice et celles de l'administration, en faisant des organes de l'action administrative, à l'égard de de ces difficultés, de véritables juges. Notre pensée, dans tout ce travail, a été de donner pour base à l'organisation du pouvoir exécutif, l'unité qui fait la force.

TABLE.

FIN DE LA TABLE.

www.ingramcontent.com/pod-product-compliance
Ingram Content Group UK Ltd.
Pitfield, Milton Keynes, MK11 3LW, UK
UKHW020246220726
13923UKWH00002B/833